DE JEFE A LÍDER
HAPPINESS

MIRIAM RIZO

DE JEFE A LÍDER
HAPPINESS

La ruta hacia la felicidad
y productividad empresarial

Prólogo por Cuitláhuac Pérez
Empresario, Innovador y Filántropo

Revisión de texto por:
Mauricio Olaya
Email: mauolaya@hotmail.com

Diseño, maquetación y publicación en Amazon por:
Inmersión Digital
Email: contacto@inmersion.digital
Web: inmersion.digital

ÍNDICE

AGRADECIMIENTOS

En primer lugar, quiero agradecer, a mis padres Francisco y Lupita por creer en mí, por apoyarme para seguir mis sueños, para ser emprendedora. Son una fuente de inspiración y fortaleza para seguir adelante. Gracias a su educación, valores, apoyo, hoy estoy en este lugar enseñándote cómo ser un mejor líder. Son mi gran ejemplo a seguir.

A mis hermanos Judith, Paco y Juan Pablo. Son mis grandes pilares para seguir adelante. Gracias por siempre estar y darme los mejores consejos, por creer en mí, inspirarme, ayudarme a seguir mis sueños y demostrarme que cada uno podemos ser exitosos haciendo lo que amamos. De verdad, me motivan a ser mejor persona.

Gracias a mi cuñada Andrea por ser la diseñadora de mi logo, por apoyarme como emprendedora en este proyecto. Gracias a mi cuñado Patrick, por darme consejos y echarme porras para seguir adelante y trabajar por mis sueños.

Gracias a mis amigos y colegas, que han confiado en mí y me han echado porras para continuar en este camino.

A Dios. Gracias por darme las herramientas y fortaleza para seguir adelante a pesar de las adversidades que se han presentado en el camino. Sé que junto a ti, creare un proyecto extraordinario para fomentar el liderazgo en las personas y empresas a nivel nacional e internacional. Gracias por todo tu apoyo, por creer en mí, por guiarme, ayudarme y ponerme este propósito para conectar con las personas correctas para llegar a más personas dejando tu legado.

A mis clientes, que me permiten ayudarles a través de mis conocimientos y experiencia, por medio de mis cursos, certificaciones, impartiendo capacitación, para crear colaboradores y líderes comprometidos, felices y exitosos. Juntos vamos a crear cosas extraordinarias. Gracias también por recomendarme con más clientes.

A mi editor Arturo Villegas, gracias por impulsarme a crear arte a través del mensaje que quiero transmitir a mis lectores. Gracias por tu paciencia, tu compromiso, por estar detrás de mí, para que al fin cumpla este sueño de escribir mi propio libro y… ¡Vamos por más!

A toda la gente que ha creído en mí, gracias. Y a los que no, también gracias, porque me abren la posibilidad para mejorar cada día. En especial, a todos mis estudiantes, clientes, participantes de mis cursos, gracias por confiar en mí y en mi trabajo, ustedes son el motor principal que me mueve a seguir colaborando para que los líderes, sus colaboradores y empresas sean más productivas y los ambientes de trabajo más sanos y agradables. Por ustedes estoy aquí.

Gracias a ti querido lector, que estás dándote este espacio para aprender y transformar tu liderazgo. Este libro está escrito con mucho amor para ti. Gracias.

PRÓLOGO

La TRANSFORMACIÓN de un jefe a un líder no es simplemente un cambio de título, sino una evolución profunda del ser, un renacimiento que trasciende la autoridad y se adentra en el terreno de la conexión humana, el propósito y la empatía genuina.

"De Jefe a Líder Happiness", de Miriam Rizo, no es solo un libro, sino una brújula para quienes desean navegar hacia un liderazgo auténtico y significativo. Es una invitación a redescubrir el impacto que podemos tener en el mundo cuando lideramos desde el corazón.

En estas páginas, Miriam nos muestra que ser líder no se trata de imponer decisiones ni ejercer poder, sino de inspirar confianza, fomentar la colaboración y transformar desafíos en oportunidades para crecer juntos.

Nos enseña que un verdadero líder mide su éxito no únicamente por los resultados obtenidos, sino por el bienestar, la felicidad y el desarrollo personal y profesional de quienes lo rodean. Porque cuando un líder florece, su equipo florece con él, y juntos construyen algo más grande que la suma de sus partes.

Este libro nos lleva por un viaje transformador, lleno de herramientas prácticas, reflexiones profundas y ejemplos reales que resuenan con la esencia misma de lo que significa ser humano. En sus páginas, aprenderás que liderar es un arte que comienza con el autoconocimiento: entender tus valores, tus fortalezas y tus áreas de mejora para poder guiar a otros desde una posición de autenticidad.

Descubrirás la magia de la comunicación asertiva, la importancia de escuchar activamente y cómo cultivar un ambiente en el que cada persona pueda aportar lo mejor de sí misma.

Más allá de las técnicas, este libro nos invita a abrazar una mentalidad de servicio. Un líder no busca ser servido, sino servir. Es aquel que eleva a los demás, que crea entornos laborales donde la felicidad y la productividad no están en conflicto, sino que se potencian mutuamente.

Miriam nos recuerda que los líderes no solo moldean resultados, sino vidas, y que nuestro mayor legado no será el puesto que ocupamos, sino el impacto positivo que dejamos en quienes nos rodearon.

Cada capítulo es una llamada a la acción y una oportunidad para reflexionar. Es un mapa para construir un liderazgo sostenible y humano, que no solo inspira a equipos a alcanzar metas extraordinarias, sino que también toca corazones y deja huellas imborrables.

Es una obra ideal para aquellos que no solo aspiran a liderar empresas, sino a transformar culturas, a crear comunidades más felices y a ser agentes de cambio en un mundo que necesita líderes auténticos más que nunca.

Si alguna vez has soñado con convertirte en el líder que inspira, guía y transforma, este libro será tu compañero en esa aventura. Porque al final del día, liderar es más que dirigir; es un acto de amor, de propósito y de conexión. **"De Jefe a Líder Happiness"** no solo cambiará tu forma de liderar, sino que cambiará la manera en que ves el mundo y tu papel en él.

Cuitláhuac Pérez
Empresario, innovador y filántropo

LÍDER HAPPINESS, ¡BIENVENIDO/A!

Aquí descubrirás tu poder para servir mejor a tu equipo, comunicarte de manera asertiva, lograr influir para motivar a más gente a seguirte. Siendo un ejemplo, podrás motivar efectivamente a tu equipo hacia la transformación de tu empresa. Y con equipo me refiero a todo el contexto que te rodea, familia, pareja, colaboradores, subordinados y equipo de trabajo.

Te doy la más cordial bienvenida, deseo que este libro haya llegado en el momento indicado para ti y también te felicito porque acabas de dar el primer paso para empezar a transformar tu vida.

El propósito es ayudarte a transformar tu liderazgo en un ambiente sano, donde lograrás colaboradores felices, comprometidos, productivos. Fue creado para que puedas trabajar día a día en descubrir qué tipo de líder puedes llegar a ser. Identificar tus áreas de oportunidad y tus fortalezas para destacarlas y resaltarlas más. La metodología que comparto en este libro, requiere tan solo unos meses para transformar tu liderazgo y llevarlo a otro nivel.

Aquí encontrarás instrumentos, herramientas, actividades y retos indispensables, con los que te llevaré de la mano para empezar a perfilar y crear el tipo de líder que deseas ser. Si te has sentido desmotivado porque tu equipo no llega a las metas y quieres desarrollar tu liderazgo, si también quieres desarrollar más líderes, esto es para ti.

Las herramientas que te ofrezco te ayudarán a encontrar tu propósito como líder, desarrollarte a nivel personal y profesional, saber comunicarte mejor con tu equipo de trabajo, fomentar una cultura de bienestar y compromiso, que aumente la productividad y la satisfacción laboral, disminuir la rotación de personal y mejorar el rendimiento de tu equipo; también para brindar a tu empresa una ventaja competitiva al destacarte como un líder comprometido, con propósito, para desarrollar a nivel personal, profesional y competitivamente a tu equipo de trabajo para que sean los mejores en lo que hacen, delegar tareas de manera efectiva para optimizar el rendimiento de tu equipo y desarrollarlo a fin de crear más líderes; hacer florecer a tu equipo de trabajo, brindando un *feedback* constructivo que impulse el crecimiento tanto individual como colectivo.

¿Quieres lograr todo esto?, entonces este libro es para ti.

INTRODUCCIÓN

Quiero empezar con una frase de mi gran mentor John Maxwell. Cabe mencionar que también soy estudiante de su triple certificación en temas de capacitación, *coaching* y oratoria.

"El verdadero liderazgo es ser la persona a la que los demás seguirán con gusto y confianza". —John Maxwell.

Tú, como líder, ¿a cuántas personas aportas valor con lo que haces? ¿Qué podría decir la gente a tu alrededor? ¿Los ayudas a ser mejores? Dime, ¿realmente les facilitas el trabajo? ¿Les brindas apoyo? ¿Busca lo mejor para ellos? ¿Quieres ayudarles a florecer y ser mejores personas? Un líder está para servir y no para buscar que la gente le sirva. Se debe buscar cómo ayudar, pero en eso profundizaré más adelante. Te contaré un poco de mi experiencia.

He estado en varias organizaciones en donde el enfoque principal es el logro de las metas. Los directores se centran en cumplir los objetivos en cierta fecha, ya sea en números o en porcentajes. El personal está enfrascado en hacer lo necesario para sacar adelante el día a día, haciendo siempre lo mismo.

Se vuelve una rutina y dejamos de lado a las personas, pues se convierten en números (número de nómina, operador de la operación No., supervisor de la línea A, B, etc.). No se preocupan por cómo están, si tienen algún problema familiar que afecte su rendimiento, si estamos generando un buen ambiente laboral, si se sienten motivados, si están felices de trabajar en nuestra organización. En muchas ocasiones, eso no les interesa y lo he observado en muchas organizaciones.

Se centran solamente en cumplir objetivos. Realmente tenemos que aceptar que las empresas, son lo que son, gracias a la gente que trabaja para ellos y a los clientes que compran sus productos o servicios. Las personas que trabajan dentro de tu organización te ayudan a satisfacer las necesidades de tus clientes y sin ellos no existiría tu empresa.

Quiero que entiendas que, como líder, no solamente debes encargarte de llegar a los números que te solicitan para cumplir con la meta. Obviamente, es un factor indispensable y fundamental para que tu empresa siga generando ventas, puedas llegar a más clientes y tener más gente trabajando para ti. Pero las personas son un aspecto fundamental para lograrlo.

Ambos aspectos son indispensables para llegar a la meta dentro de tu área, es tu responsabilidad como líder. Tienes que preocuparte tanto por cumplir las metas como por cuidar a la gente que trabaja para ti. La mayor crisis que tenemos hoy en la humanidad es la falta de líderes.

Por eso, **trabajar en el liderazgo de una empresa tiene grandes beneficios para los colaboradores y los resultados de la empresa. Los colaboradores felices son más**

comprometidos y productivos, formando una empresa exitosa.

Te diré un dato relevante de la revista Forbes: En México, el 80% de las empresas carece de líderes y solamente el 8% invierte en programas de capacitación y entrenamiento directivo en sus equipos de trabajo.

¿Por qué? Porque normalmente lo ven como un gasto y dan ascensos a las personas que tienen la habilidad técnica, pero no se preocupan por capacitar y desarrollar para que sepan comunicarse de manera efectiva con su equipo de trabajo, tengan la inteligencia emocional necesaria para gestionar de la mejor manera ante un problema y desarrollen resiliencia.

Para ser un buen líder e influir en las personas, la inteligencia emocional es una habilidad fundamental a desarrollar en nuestro equipo de trabajo. Hay que hacerlo y trabajarlo todos los días.

El liderazgo es una habilidad que primero debes desarrollar en ti. Si quieres crear más líderes, tienes que convertirte en uno bueno y para serlo, tienes que empezar por ser una buena persona. El liderazgo es la habilidad número 1 dentro de cualquier empresa porque es escaso.

Puede haber muchos puestos directivos, gerenciales, coordinaciones, pero hay pocos líderes, con el anhelo de inspirar a otras personas con un propósito y visión dentro de la empresa, poder difundir un mensaje y un cambio dentro de tus colaboradores para que quieran seguirte de manera consciente y por voluntad propia quieran ayudarte a cumplir tus sueños es indispensable saber liderar correctamente.

Eso es ser un Líder Happiness. Si quieres serlo, la buena noticia es que es posible. Todos tenemos el potencial, pero no se logra de la noche a la mañana. Se necesita perseverancia.

Es como un músculo cuando vas al gimnasio. Tienes que entrenar y reforzar cada una de las partes de tu cuerpo.

Si quieres tener buenas piernas, glúteos, brazos, tienes que trabajarlos hasta que ese cambio o transformación en ti sea notable. El liderazgo es igual, tienes que desempeñarlo constantemente, no porque te desarrolles como líder un día significa que ya eres un buen líder. Tienes que trabajarlo de manera constante, requiere disciplina, coherencia, autenticidad, compromiso y responsabilidad, porque eres el rostro de tu empresa.

¿Por qué es importante que leas este libro? Si quieres convertirte en un gran líder, lo primero que tienes que hacer es autoliderarte y ser CEO de tu vida. Te pregunto, ¿seguirías a alguien como tú? Si tu respuesta es sí, felicidades, vas por el camino correcto. Pero si tu respuesta es no, no te preocupes, en este libro te brindaré las herramientas para que puedas convertirte en un Líder Happiness.

Este libro te brindará herramientas, actividades para liderar tu vida y desarrollar habilidades como líder de tu familia y empresa. También te ayudará a encontrar tu propósito. Es una invitación para que te veas a ti mismo como el líder que puedes llegar a ser, dónde estás actualmente y hacia dónde quieres ir, estableciendo tu meta SMART (Acrónimo en inglés de Específico, Medible, Alcanzable, Realista y estableciendo un Tiempo determinado), por eso quiero acompañarte con técnicas para que logres potencializar tu liderazgo y aprendas a motivar, desarrollar y generar un equipo de alto desempeño.

Sabrás cómo escuchar y comunicarte de manera asertiva para guiar a tu equipo por el camino correcto, incluso cuando se equivoquen o comentan errores sabrás dar indicaciones de manera efectiva cómo mejorar y ayudar a florecer y desarrollar más líderes que disfruten lo que están haciendo, sean los mejores en lo que hacen y cumplan con su propósito personal, al mismo tiempo que logran el propósito empresarial.

¡Imagínate! Eso es lo que me gustaría que logres, que cuando te pregunten si seguirías a un líder como tú, ¡Tu respuesta sea sí! porque eres una persona coherente, confiable, que hace lo correcto, incluso cuando cometes un error o estás en una circunstancia de dificultad o crisis. ¡Eres un Líder Happiness!

UNO
AUTOCONOCIMIENTO

Sabías que…

Un estudio señala que solo el 29 % de las personas confían en que sus líderes hagan lo correcto en momentos de crisis. Ese porcentaje está muy por debajo de la mitad. Entonces, ¿qué debemos hacer para ser la persona que seguiríamos, para poder inspirar y motivar a más gente a seguir nuestro objetivo y propósito? En primer lugar, debemos encontrar para qué eres bueno, cuáles son tus fortalezas, es decir, conocerte en profundidad. Uno nunca termina de conocerse.

Todos venimos a este mundo por alguna razón y juntos vamos a encontrar cuál es el propósito para compartirlo con el mundo. El liderazgo es eso, compartir y servir a los demás cumpliendo con un propósito. Para desarrollar tu liderazgo es indispensable entender quién eres.

Empiezo con esto porque el primer paso para convertirte en un gran líder es el autoconocimiento. Vamos a ver quién eres como líder.

El autoconocimiento es la capacidad de viajar a nuestro interior. Es una cualidad crítica del liderazgo en la época en que vivimos. Y es justo el viaje que hacemos en nuestros procesos de capacitación, certificación y coaching empresarial. El objetivo es ir a lo profundo para saber dónde estás en este momento y a dónde quieres ir.

Quiero ayudarte a descubrir el líder que llevas dentro y que encuentres tu propósito.

El deseo de mejorar es un factor común en los seres humanos, pero según un estudio de la Universidad de Scranton, en Pennsylvania y el instituto de investigaciones Statistic Brain, se detectó que solamente el 8 % de las personas que se plantean propósitos, logran cumplirlos. Esto significa que 3 de cada 4 personas terminan el año igual que lo empezaron. Entonces, ¿por qué es tan normal que termines el año sintiendo que no lograste lo que hace 365 días deseabas tanto? Si te pregunto, ¿cómo vas con las metas que te propusiste el 31 de diciembre?, ¿qué me dirías?

En el estudio que mencioné anteriormente de la Universidad de Scranton, en Pennsylvania y el instituto de investigaciones Statistic Brain. Según la revista Forbes, 2021, se plantean otros datos interesantes: el 25% de la muestra de personas involucradas en la investigación no los cumplieron ni siquiera la primera semana de enero; el 55% los abandonó antes de terminar el primer mes del año y el 20% restante después de 6 meses. ¿A qué porcentaje crees que perteneces tú?

Cumplir tus propósitos no debería ser difícil; si te los planteaste, significa que son cambios que necesitas en tu vida.

DESCUBRE TU PROPÓSITO

Estoy segura de que tienes un mensaje para compartir con los demás, una historia o experiencia de vida que, si te atreves a contarla, podrías inspirar a miles de personas y quiero ayudarte a descubrirlo y compartirlo con el mundo, por eso necesitamos interiorizar a través del autoconocimiento.

El autoconocimiento consiste en ir al interior, para identificar nuestras fortalezas y áreas de oportunidad, reconocer qué errores cometemos como persona, pareja, padre/madre, amigo (a), compañero de trabajo y en la sociedad, en general.

Cuando sabes quién eres y conoces tus habilidades y debilidades, tienes una buena percepción de lo que eres capaz de hacer y en verdad trabajas todos los días por convertirte en eso que quieres ser y hacer, el éxito llega a ti. Recuerda que, puedes tener éxito, aunque nadie más que tú crea en ti, desarrollando tus habilidades y viviendo tu propósito. Por eso, te digo que, cuando tienes claro quién eres, encontrar tu propósito puede ser fácil. Sin embargo, el camino no siempre es fácil. Hay personas que dejan este mundo sin encontrarlo.

Cuando logras transmitir a otros por qué estás aquí, cuál es tu propósito, es imposible que te vean de otra manera que no sea positiva, porque dejas en claro tú PORQUE, compartes tú esencia en lo que haces y dejas un legado en este mundo y eso conecta con las personas. Entonces, quiero preguntarte: ¿Cuál es tu propósito como líder?, ¿qué legado quieres dejar en este mundo? ¿Qué valor aportas, a través de tu liderazgo a tu familia, pareja, amigos, colaboradores, clientes y a toda la gente que te rodea? Recuerda que cuando tienes propósito, tienes esa fuerza interna que no permite que nada externo te limite a realizar lo que viniste a hacer en este mundo.

Quiero ayudarte a encontrar tu propósito y desarrollar tus competencias como líder para dejar un legado en este mundo, siendo un Líder Happiness y efectivo, por eso a través de este libro, te ayudaré a lograrlo.

Te quiero platicar cómo encontré mi propósito y, cabe aclarar que no fue un camino fácil.

¿CÓMO ENCONTRÉ MI PROPÓSITO?

Decidí emprender, debido a una mala experiencia laboral donde sufrí *bullying* laboral o mejor conocido como *mobbing* (te lo contaré más adelante). Sabía que quería hacer algo por mi cuenta, pero no tenía idea de cómo empezar, de qué giro quería que fuera mi empresa, solamente sabía que quería el área de capacitación y Recursos Humanos, que es el área de mi maestría, pero realmente no sabía cómo empezar y creo que el 99 % de los emprendedores empezamos sin tener muy claro qué es lo que queremos lograr, aunque no me atrevería a afirmarlo.

Entonces, me inscribí en una organización que me ayudó a crear un plan de negocio y fui capacitándome en el proceso. Pensé: Quiero hacer todo bien, legal y estructurado, ¿y qué hice? Me certifiqué para impartir y diseñar cursos en los estándares EC0217, que actualmente tiene una actualización a EC0217.01 y el EC0301 para impartir y diseñar cursos avalados por la SEP.

Tomé la certificación en esos 2 estándares, para respaldar los conocimientos, habilidades, actitudes y sobre todo las competencias que tengo para desempeñarme, impartir y diseñar cursos. También estudié un curso en la Universidad Autónoma de Aguascalientes, de la cual egresé, en temas de *coaching* y me fui preparando.

¿Qué quiero decir con esto? Que gracias a una mala experiencia, decidí crear mi empresa para demostrar a la gente que sí se puede ser feliz en el trabajo. Así nació RHappiness: Felicidad en el trabajo. Mi propósito es transformar las competencias de los líderes, para crear colaboradores felices, comprometidos y productivos; disminuir la rotación de personal, aumentar la productividad y fomentar el éxito de una empresa. Con este propósito quiero ayudarte a lograr el tuyo sabiendo que todos podemos hacerlo.

DESCUBRE TUS FORTALEZAS Y DEBILIDADES ¿QUÉ TE DEFINE COMO LÍDER?

Se refiere a las características principales que te definen como persona y líder. Si no lo tienes claro, te invito a realizar una actividad que hacen mis líderes happiness. Pregúntale a la gente que te rodea cuáles son tus fortalezas y debilidades.

Al menos, habla con 3 personas muy cercanas a ti. Y si quieres experimentar o irte más allá, habla con tus colaboradores y subordinados. Pregúntales: ¿Para qué soy bueno/a? ¿Qué cualidades consideras que tengo? ¿En qué podría mejorar? ¿Cuáles son mis áreas de oportunidad? Con base en lo que te digan y con la percepción que tengas sobre ti mismo/a , analiza las similitudes y las diferencias.

Te va a dar mucha claridad sobre cómo te perciben las otras personas y qué es lo que puedes hacer para mejorar tu liderazgo. Muchas veces nos cuesta trabajo autoconocernos, es decir, dejar un espacio para conocer realmente cómo somos.

Es como armar un rompecabezas. Vemos que hay una pieza faltante dentro de nosotros y decimos: No, eso no puede pasar. No nos permitimos ser vulnerables e intentamos ser superhéroes que podemos hacer todo y no necesitamos a nadie para cambiar, pues no tenemos que cambiar nada, somos perfectos y estamos a cargo.

Entonces, permite autoconocerte y reconocerte. Este es el primer paso para saber realmente quién eres. Tienes que ver dónde estás parado. ¿Cuáles son tus fortalezas y áreas de oportunidad? Porque quiero ayudarte a mejorar las áreas de oportunidad para convertirlas en fortalezas.

De esa manera podrás cambiar y mejorar. Recuerda que antes de poder liderar a otros, es necesario descubrirse a uno mismo. Lo dice Joe Jaworski - Necesitamos saber quién eres, cómo te definirías, qué te gusta, qué te motiva, cuál es tu sueño y por qué decidiste ser líder.

Piensa: ¿Por qué decidiste ser líder? Si lo decidiste por tener una posición y dinero, lamento decirte que no fue la decisión correcta.

Es decir, en el momento en que firmaste el contrato para ser gerente, supervisor, jefe de área, director, líder, etc., el puesto que hayas aceptado: ¿Por qué quisiste tener personas a tu cargo? Quiero que seas muy consciente de ese momento en el que firmaste el contrato, y con él decidiste hacerte responsable de las personas a tu cargo. Son como tus hijos. A un hijo se le enseña porque no nace sabiendo, tienes que guiarlo por el camino correcto para que aprenda a diferenciar qué está bien y qué está mal. ¿Cómo tiene que hacer las cosas para lograr los objetivos que deseas? Guíalos por el camino correcto y créeme que crearás personas extraordinarias. Pero para eso, lo repito una vez más, tienes que tener muy claro por qué decidiste firmar ese contrato y tener personas a cargo.

Pero ahora puedes empezar por ser consciente de que, al estar a cargo, es tu responsabilidad llevar a tu equipo a alcanzar el éxito y al logro de las metas. Vamos a hacer que puedas mejorar tu liderazgo. Es muy importante que entiendas qué es el liderazgo y su importancia para motivar a tu equipo y alinearlos al logro de objetivos.

Vamos ahora a la parte teórica. Primero te enseñaré qué es liderazgo vs. qué no lo es.

¿QUÉ ES Y NO ES LIDERAZGO?

El liderazgo no es un cargo o un puesto. Ser gerente, director, coordinador, jefe, o cualquier puesto de una empresa con personas a cargo, ¡no te hace un líder! Recuerda, un cargo o puesto es una posición. Ser líder tampoco es gestionar tiempos o recursos. Es decir, puedes ser un buen administrador y tener un proyecto de aquí a fin de año, con un presupuesto de medio millón de pesos y 10 personas, pero ¿sabes hacerlo de manera correcta? Tal vez no liderando correctamente. Si usas medidas y estás detrás de la gente, puedes llegar a ser autocrítico y autocrático, pero llegas a los objetivos; tal vez solo eres bueno gestionando los recursos y los tiempos.

Eres el que manda porque tienes una jerarquía, las personas tienen que hacerte caso solo porque eres el que está a cargo. ¡No necesariamente eres su líder!

Entonces, ¿qué es el liderazgo? El líder es una persona capaz de influir en los demás. Es quien tiene respeto por las personas, pero intolerancia por la incompetencia, la pereza, el victimismo y las excusas. Es decir, se centra en las personas y en los resultados al mismo tiempo, buscando desarrollar a sus colaboradores para convertirlos en los mejores en hacer su trabajo y a la vez los recompensa por su esfuerzo y resultados.

Si no tienes seguidores, lamento decirte que no eres un líder. También quien tiene liderazgo es una persona capaz de guiar y servir al equipo para lograr las metas. Siempre está al servicio y a disposición de los demás para acompañarlos por el camino correcto y busca transformar sus vidas, crear mejores personas, mejores profesionales que sean, a su vez, los mejores en lo que hacen, crear más líderes.

Incluso, existe un tipo de liderazgo en donde literalmente se distingue un antes y un después. Es cuando te encuentras con un líder transformacional que te ayuda a ser consciente de lo que eres capaz de hacer y transforma tu vida porque él cree más en ti que tú mismo.

LIDERAZGO ES:

Mi mentor, John Maxwell, es el mejor en temas de liderazgo, no hay nadie como él, ha escrito más de 80 libros sobre el tema. Nos dice que: "El liderazgo es influir sobre sus subordinados para que mejoren sus capacidades y logren adquirir mayores conocimientos del área específica, también es conocer a su gente para desarrollarlos y que sean los mejores en lo que hacen".

Mauricio Benoist, que es uno de los socios de la International Coaching & Speaker Federation, de la cual soy miembro, nos dice que un líder es un negociador de ilusiones. "Si quieres ser un verdadero líder, tienes que invitar a la gente a que se ilusione contigo".

Algunos creen que el líder es la persona que ha recibido el cargo y guía. Te daré una definición que me encanta, bueno te daré varias definiciones para que puedas crear tu propia definición. Para mí, **el líder es:** esa persona capaz de influir sobre los miembros de un equipo, lograr así que lo sigan, hacer que las personas se sientan motivadas y tengan disposición para seguir su sueño, para alcanzar los objetivos planteados en la organización que representan.

Por eso es tan importante el liderazgo, porque las personas quieren ser guiadas por personas que se respetan y ofrecen respeto a los demás, por personas que tienen un sentido de dirección o visión, que pueden ser claramente articulados. La habilidad que tiene el líder para dirigir su mente y su actitud, determina su destino y el de su organización.

Si desarrollamos líderes, lograremos un impacto grande y duradero dentro de nuestra organización, porque el líder ve el panorama general de la empresa, pero necesita de otras personas que le ayuden a través de su percepción, para abarcar todo el panorama y la realidad. Necesitamos encontrar a las personas adecuadas para armar ese rompecabezas, donde todos encajemos y se cumpla con el objetivo. Un líder conoce también a su gente, como lo dice John Maxwell, que desarrolla las capacidades de cada uno para que puedan lograr sus objetivos, resaltando lo mejor de cada uno de ellos.

Bernard M. y British Field dicen que el liderazgo es la capacidad y voluntad de conducir a hombres y mujeres a un propósito común y adquirir un carácter que inspire confianza y valore las cualidades de cada uno para trabajar hacía el mismo propósito.

De entre las definiciones de liderazgo, en resumen un líder es una persona capaz de influir en los demás, generando motivación, seguimiento y disposición para cumplir el mismo propósito. Un líder es capaz de inspirar a los demás, pero para serlo necesitamos saber hacia dónde queremos ir y llevar a nuestro equipo de trabajo ahí.

Por ello, es indispensable tener capacitación tanto en habilidades técnicas como blandas, para saber desempeñar bien nuestra función y tener gente que opere para ayudarnos a cumplir ese propósito; sin embargo, en ocasiones se mantiene la mentalidad de jefe y se cometen varios errores.

ERRORES QUE SE COMETEN: JEFES VS. LÍDERES

En las empresas, me doy cuenta de que **el primer error que cometen los jefes es pensar que "por ser el jefe deben de obedecerle"**; "la gente conoce sus metas y actividades, deben hacerlo, para eso se les paga".

Recuerda: No te centres en el rango o puesto que tienes, cambia tu mentalidad de jefe por una de líder, acércate a tu equipo para decirles lo que esperas de ellos y también escúchalos para saber qué esperan de ti. **¿Cuál es la mentalidad del líder?** Recordarles cuál es la misión y propósito de la empresa todos los días y conéctalos con su propósito personal. Enfatiza las metas que se deben cumplir. Delega y supervisa el desarrollo de tu gente, porque es tu responsabilidad que lleguen a la meta. Cuando comprenden por qué están aquí, desempeñando ese puesto de trabajo y cómo hacer su trabajo de la mejor manera, y cómo eso les ayuda a lograr sus metas personales, creas magia.

El segundo error es pensar que es suficiente conocer la parte técnica. Creer que entiendan lo que deben hacer, el trabajo para el que fueron contratados, es suficiente para llegar a la meta.

Eso es mentalidad de jefe. ¿Cuál es la mentalidad del líder? Revisar al menos cada 3 meses su contrato emocional. Es decir, ¿cómo se siente la gente en este momento? ¿Se siente motivada por el trabajo que está desempeñando? ¿Está buscando un crecimiento? Verifica si se están capacitando, si toman algún curso, diplomado o si están desarrollando nuevas habilidades. ¿Qué intención de plan de carrera tienen dentro de la empresa? Esto te ayudará a sentarte con ellos para saber qué esperan de ti como líder. ¿Hacia dónde quieren ir dentro de la empresa? ¿Cómo los puedes ayudar a crecer? Y que no tengan que buscar eso en otro lado. Verifica si los puedes desarrollar para crecer como líderes.

Desarrollarlos como mandos medios, etc. Interésate en ellos para saber qué quieren hacer.

El tercer error es la falta de estructura. Pensar que te dieron el equipo así y no sabes cómo organizarlos. Creer que como en otra empresa tenías el mismo puesto y, por ende, ya te la sabes todas. Que conoces todo a la perfección y no necesitas capacitación alguna porque dominas el área. O pensar y tener inseguridades porque desconoces cómo guiar al equipo y no sabes si tus colaboradores harán lo que les pides o seguirán tus indicaciones. ¿Cuál es la cualidad de líder? Capacitarse para desarrollar estas habilidades en su liderazgo. Piensa que este es tu equipo, el mejor de toda la empresa, porque te encargarás de que desempeñen su trabajo de la mejor manera. Es tu responsabilidad guiarlos, conectarlos y desarrollarlos en conjunto para llegar a las metas. Conecta con el servicio al más alto nivel. Tú eres su líder y estás para servirles.

Tienes 2 opciones ante estos errores. Quedarte con los ojos cerrados, pidiendo que desaparezcan y que alguien mágicamente venga a ayudarte. O abrir bien los ojos y aprender de la situación, del problema que tienes que afrontar. Enfrentarlo, capacitarte, desarrollarlo de la mejor manera y salir reforzado. Porque recuerda, no puedes cambiar lo que no conoces. Solamente puedes cambiar lo que reconoces.

Depende de ti transformar tu liderazgo. Quiero que seas consciente de la mentalidad que tienes, porque es muy grande la diferencia entre ser un jefe y un líder. Pero necesitas reconocer los errores que estás cometiendo.

La mentalidad fija genera los mismos resultados. Y aquellos que no logran cambiar su manera de pensar, no logran cambiar nada. En cambio, si estás dispuesto a cambiar, estás en el momento ideal para la transformación de tu liderazgo.

Todo progreso es un cambio. Quiero que entiendas la diferencia entre ser un jefe, un administrador y un líder.

- Los jefes creen que los deben seguir simplemente porque tienen un cargo o una posición jerárquica.
- Los administradores son personas que gestionan bien a otras personas, tienen los recursos económicos, materiales y humanos. Además, los saben administrar y gestionar de manera correcta.
- Los líderes son personas que inspiran, influyen y guían al equipo hacia el logro de objetivos, desarrollando sus capacidades para crear más líderes.

'LEY DEL TOPE', DE LAS 21 LEYES IRREFUTABLES DEL LIDERAZGO DE JOHN MAXWELL

La ley del tope consiste en que tu nivel de liderazgo es el tope hasta el que puedes hacer crecer a tu equipo, porque piensas que si los capacitas y si les enseñas lo que sabes, van a crecer más que tú.

Hay personas que tienen esa mentalidad y prefieren no enseñarle a su gente para evitar que les quiten su puesto.

¿Qué pasa cuando tienes esta mentalidad de jefe? No hay crecimiento dentro de tu empresa, creas un mal ambiente, puedes generar toxicidad y te centras en tí. Crees que los demás están para servirte y te levantas el cuello por los aciertos. Lamentablemente, a mí me tocó vivir esa experiencia. Yo buscaba un crecimiento para irme al área de capacitación y mi jefa me amenazó, me dijo que ya no me daría la oportunidad de cambiarme, ¿te ha pasado eso?

En ocasiones, las personas ocupan un puesto directivo o gerencial, pero no logran inspirarte ni motivarte ni promueven tu crecimiento, al contrario, te estancan.

En mi último trabajo, tuve una experiencia así. Mi jefa era una persona "autocrática", todo el tiempo estaba detrás de nosotros y no nos permitía crecer. Era un ambiente muy rígido. A pesar de tratarse de una empresa internacional, no había oportunidad de crecimiento porque ella vivía en la ley del tope.

Durante esa experiencia laboral en una empresa internacional, conocí gente de todo tipo: gente fabulosa y no tan buena. También sufrí *bullying* laboral, mejor conocido como *mobbing*.

"El *mobbing* o acoso laboral, es un problema grave que afecta a una gran proporción de trabajadores, en donde acudir a su puesto de trabajo acaba convirtiéndose en una auténtica pesadilla" (Instituto de Seguridad y Servicios Sociales de los Trabajadores del Estado, 2016).

En esa empresa, donde mi jefa no me permitía crecer por la ley del tope, en donde ella era la buena y no cometía errores, mientras que nosotros éramos a los que regañaba si algo salía mal, porque los errores eran nuestros y teníamos que corregirlo como equipo. ¿Qué más pasaba? Cuando ella estaba, generaba un ambiente muy rígido, no nos dejaba avanzar, teníamos que hacer lo que ella decía y no más. Entonces, éramos menos productivos y cuando ella no estaba, trabajábamos mejor y éramos más productivos.

¿Conoces la ley del tope? Es parte de las leyes irrefutables del liderazgo de John Maxwell. Entonces, en esa empresa busqué la oportunidad de crecer, de cambiarme de área, porque una política de la empresa es que al año puedes buscar tu crecimiento.

Busqué ese crecimiento para moverme al área de capacitación, porque era lo que me gustaba; sin embargo, cuando lo intenté, mi jefa dijo que no, que no me daría la oportunidad de crecer dentro de la empresa, que no firmaría este crecimiento.

Me hizo cuestionarme: ¿qué hago aquí? Hablé con el líder de mi jefa, para que me ayudara. Le platiqué la situación y le pedí que intercediera por mí para cambiarme al puesto que quería. Me dijo que analizarían la posibilidad porque no tenía queja alguna de mi trabajo. Esa fue la razón por la que me dieron la oportunidad de ir a Colombia y ahí logré dar los resultados.

En una ocasión recuerdo que me quedé hasta las 2 de la mañana, muy comprometida con mi trabajo, para un proyecto que teníamos por entregar. Ya ves que así pasa en ocasiones, te piden algo de un día para otro con el único argumento de: "me urge para ya y tenemos que hacerlo". Pues mi compañero de trabajo y yo, muy comprometidos, nos quedamos hasta tarde para que el proyecto saliera a flote y lograr las metas de manera correcta. Fue una gran experiencia, sin embargo, ¿qué fue lo que pasó? Pues aunque estaba haciendo mi trabajo de manera correcta, cumpliendo en tiempo y forma, el ambiente no era saludable y no había crecimiento, pues me desmotivaba. Y aunque mi compañero y yo hacíamos un gran equipo y trabajábamos a la par —que era fabuloso—, el ambiente y el crecimiento no lo podíamos lograr solo nosotros.

Así fue como llegamos a preguntarnos: ¿qué hacemos aquí, si no nos brindan la oportunidad de crecer? Fue una situación muy dura porque ante esto te dices: bueno, no puedo discutir con mi jefa, no ganaré porque no permitirá que pasen por encima de su poder y con su nivel jerárquico superior me estaba impidiendo crecer, además de que no era saludable trabajar así. Muchas veces nos aferramos a algo, porque lo conocemos como "algo seguro". Pero, ¿qué pasa cuando te aferras a algo? Tienes la mano apretada porque no quieres soltar el salario. Si quieres que llegue algo nuevo, debes dejar espacio.

Después de un tiempo, al ver que ya no nos darían la oportunidad de cambiar de área, mi amigo y yo nos reunimos, hicimos un análisis profundo de los pros y contras de permanecer en esa organización. Al darnos cuenta de que estábamos en un trabajo en el que no éramos felices, donde no nos dejaban crecer, que aun siendo una empresa internacional no tendríamos la oportunidad de desarrollo en el área que queríamos o en donde nuestras capacidades destacaran y pudiéramos dar lo mejor de nosotros, donde ni siquiera nos dejarían intentarlo para descubrir si éramos buenos o no en esa área —si no te dan la oportunidad, nunca lo vas a descubrir.

Entonces, no había crecimiento, el salario tampoco era muy bueno, el ambiente laboral no era saludable. Por eso, ¡decidimos renunciar! Éramos 2 personas de las 4 del área, es decir, el 50 % de rotación de personal en ese equipo. Aquí aplica el dicho: las personas renuncian a los malos jefes, no a las empresas.

Renuncié porque no era feliz en ese trabajo ni estaba viviendo mi propósito y decidí empezar de cero. Soy de las personas que agradecen esa experiencia. De verdad, agradezco a Dios vivir eso, ya que de lo contrario no hubiera renunciado en el 2019 para crear mi empresa ese mismo año y, para este momento, no estaría viviendo mi propósito.

Créeme, todo lo que te ocurre en la vida, pasa por algo, así que agradece esa experiencia. Gracias a eso encontré mi propósito y ahora me dedico a ayudar a los líderes a adquirir las competencias necesarias para transformar su liderazgo, tener bienestar laboral y crear equipos de trabajo comprometidos, felices y productivos, disminuir su rotación de personal y alcanzar sus metas a través de nuestros servicios. Por ello, para mí es importante que identifiques tu tipo de liderazgo, de manera que puedas crear tu esencia de acuerdo con tu personalidad, las características que necesita tu equipo y tu empresa.

¿CÓMO ENCONTRAR TU PROPÓSITO?

Empieza con tus valores. Empieza con querer entregarte a las personas y servirles con aquello en lo que eres bueno, con aportar valor a los demás, con ser amable, cortés, respetuoso, querer ayudar a que los demás sean mejores a nivel personal y profesional. Puedes empezar haciendo las cosas bien y poniendo el ejemplo. Por eso es importante ser un buen líder que vive su propósito, así podrás conectar e influir en las personas asertivamente.

Pregúntate si lo que estás haciendo actualmente te acerca al lugar en el que quieres estar mañana. Cuestiónate, ¿te gusta lo que haces? ¿Qué es lo que te apasiona hacer? ¿Qué pudieras estar haciendo sin que te pagaran? ¿Para qué eres bueno? ¿Qué valor quieres aportar a las personas a través de lo que sabes y haces y qué legado quieres dejar en este mundo?

Estas son preguntas claves que puedes hacerte para encontrar tu propósito. Te recomiendo que tomes nota de ellas y las respondas con sinceridad para encontrar tu propósito. Ahora profundizaré en los 5 pasos del camino de liderazgo.

TIPOS DE LIDERAZGO

Es muy importante que entiendas los tipos de liderazgo para saber dónde te encuentras ahora y, de ser necesario, cómo podemos transformar el tuyo, es decir, tu propio estilo de liderazgo, con tu esencia. Existen 10 tipos de liderazgo.

El liderazgo autocrático es el poder absoluto. Es aquel donde una persona asume las responsabilidades y toma las decisiones. Se encarga de dar órdenes a los que tiene bajo su mando.

Se centra en el poder, considera que los demás no son competentes o no tienen las habilidades necesarias para tomar decisiones. Cree que es el único que puede hacerlo y las personas tienen que obedecerle porque ocupa un puesto jerárquico. En el liderazgo autocrático, se considera que los subordinados no pueden llevar a cabo acciones por sí solos y requieren de alguien que sepa controlarlos, por lo que deben ser obedientes a las órdenes del líder. Este prácticamente es un jefe. Ojalá que no tengas este tipo de actitudes.

Liderazgo natural. Es aquella persona que lidera en cualquier nivel de la organización y satisface las necesidades del grupo. No necesita ostentar un puesto jerárquico. Lidera para cuidar y satisfacer las necesidades de su equipo. Este líder inspira de manera natural, como su nombre lo dice, a través de sus propios valores y hace sentir a las personas protegidas porque busca el bienestar de todos.

Vemos a niños que desde muy pequeños logran liderar porque tienen carisma y las personas los siguen por naturalidad. Hay personas que elegimos en la universidad como jefes de grupo. Son alumnos como nosotros, pero les damos esa posición por voluntad propia, porque queremos seguirlos porque buscan satisfacer a todo el grupo. O esos líderes naturales que tenemos en nuestro grupo de amigos.

El liderazgo burocrático se centra en las políticas. Ellos se desempeñan de manera formal, buscan liderar, dirigiendo a sus empleados a la consecución de objetivos y tareas con base en normas estrictas, concretas, basándose en las políticas y reglamentos de la empresa.

Buscan la eficiencia al desempeñar su trabajo. Con base en estas políticas, normas y pilares de autoridad, se crea un ambiente de trabajo rígido donde se deben acatar las reglas y seguir las instrucciones precisas y estrictas establecidas. No son empáticos, no toman en consideración las opiniones de los trabajadores.

Si el horario de entrada es a las 8 de la mañana y a las 8.10 es retardo, la política dice que es retardo. No se toma en consideración la causa de la demora como excepción o emergencia. El ambiente es rígido, sin empatía y no se impulsa el desarrollo profesional de la gente. Simplemente, se cumplen las normas, políticas, procedimientos y reglamentos de la empresa.

El liderazgo carismático es afiliativo, tiene mucha similitud con el líder natural. Es alguien que con su naturaleza atrayente influye en las demás personas para fomentar la participación y generar resultados positivos, incluso en situaciones críticas.

Se caracteriza por cautivar y generar entusiasmo en los subordinados, utilizando a su favor la comunicación con el personal a su cargo, inspirándole para obtener su máximo esfuerzo. A pesar de sus resultados, este tipo de liderazgo puede ser perjudicial en aspectos como la dependencia de personas bajo su cargo, lo que se convierte en un problema cuando llega a estar ausente. Sus acciones pueden ser alabadas en exceso.

Son capaces de cambiar las aspiraciones y la visión de las personas a su cargo, con el fin de lograr las metas establecidas. Este tipo de liderazgo genera dependencia. En ocasiones, cuando esto ocurre y lo cambian de área, se llegan a generar conflictos porque es como el juego de "yo sigo a Juan, si viene Pedro y me da instrucciones, no le haré caso porque soy fiel a Juan".

Entonces, es necesario ser cauteloso para no generar favoritismos y mantener un ambiente saludable y armonioso de nuestro equipo de trabajo.

El liderazgo democrático, por su lado, busca la participación. Incentiva que las personas de su equipo se involucren en el proceso de toma de decisiones, encabezado por el líder. Acepta las ideas y críticas que puedan surgir para, de esa forma, mejorar el compromiso y la responsabilidad de la gente, ya que los involucra en el proceso. Es capaz de responder a cualquier inquietud que tengan sus subordinados, lo que genera confianza e incentiva el trabajo en equipo y a su vez a la consecución de los objetivos planteados.

Permite mayor compromiso, motivación, creatividad, innovación y satisfacción laboral. Pero en ocasiones, la toma de decisiones requiere más tiempo por considerar lo que diga la mayoría. Al final, quien toma la decisión es el líder.

Una ventaja de este tipo de liderazgo es que involucra a las personas en la toma de decisiones y, de esa manera, genera más compromiso y responsabilidad entre los subordinados.

El liderazgo de *Laissez Faire,* también conocido por su traducción del francés "dejar hacer". Consiste en dejar que los colaboradores trabajen de forma autónoma, teniendo poca intervención del líder.

Es conocido por ser más liberal, como su nombre lo indica y 'dejar hacer'. El líder se vuelve una figura pasiva porque permite que los subordinados tengan todo el control de sus acciones, ya que se les facilita toda la información y las herramientas requeridas para la realización de sus labores. El líder solo intervendrá si el subordinado solicita su ayuda.

Aquí necesitamos que los colaboradores sean personas éticas y muy profesionales, que sepan lo que están haciendo, que puedan tomar decisiones dentro de su trabajo, que tengan autonomía para resolver problemas y la capacidad de manejarse por sí solos. En caso de tener alguna duda, pueden acudir al líder para solicitar asesoría al respecto. Durante la pandemia por COVID, se vio mucho este tipo de liderazgo, porque dejamos a la gente que trabajara de manera autónoma, confiando en que tenía las habilidades para desempeñar de manera correcta su trabajo.

El liderazgo orientado a las personas se vuelve como un *coach*. Este tipo de liderazgo antepone a las personas por encima de las tareas, se orienta en llegar a las metas, pero siempre priorizando el desarrollo personal y emocional, es un estilo participativo que tiende a empoderar al equipo y fomentar la colaboración creativa. Permite reunirse con el equipo para juntar información, analizar los puntos de vista e ideas para resolver problemas en conjunto. Fomenta la autoconciencia y valora las capacidades de cada uno de los colaboradores, promoviendo ambientes de armonía, convivencia, participación y desarrollo antes de implementar estrategias de trabajo y control de grupo, fortalece las capacidades personales de los integrantes y las necesidades e intereses de cada quien. Prácticamente, busca que cada uno sea el mejor desempeñando su trabajo, busca ser un *coach* para desarrollar a las personas.

El liderazgo orientado a las tareas se centra en las metas. Se enfoca en cumplir las tareas, muestra mucho interés en llegar a los objetivos en la fecha establecida, en ocasiones tiende a ser autocrático para alcanzar los objetivos a costa de lo que sea. Se enfoca en los procedimientos y antepone trabajo y tareas por encima de las personas. Se da en trabajos donde las situaciones urgentes son constantes y requieren decisiones correctas inmediatas.

En este tipo de liderazgo, el líder actúa como si estuviera en una carrera de caballos, donde no se pueden ver unos a otros, debido al casco que impide la visibilidad lateral, enfocándose solo en llegar a la meta. Como el líder adopta esta condición, si tiene un proyecto que cumplir en cierta fecha, puede llegar a solicitar trabajo extra de los colaboradores con el objeto de cumplir con la meta, lo cual no está mal, cuando es consensado y negociado con los colaboradores, pero no cuando se impone como obligación bajo amenaza de represalias por negarse.

El liderazgo transaccional, como su nombre lo dice, busca una transacción para lograr ganar-ganar, donde hay recompensa. Se basa en transacciones, es decir, un intercambio entre el líder y sus seguidores. Los seguidores reciben premio por su desempeño laboral y el líder se beneficia porque cumplen con las tareas. Es un tipo de liderazgo orientado a los objetivos y, por tanto, los seguidores son motivados con recompensas por los resultados obtenidos. El líder transaccional crea estructuras claras donde está bien definido lo que se requiere de los subordinados para recibir las recompensas por su trabajo.

El liderazgo transformacional es el que más me encanta porque se trata de un líder con propósito, visionario. Este tipo de líderes alienta, inspira y motiva a los empleados y colaboradores a innovar y crear cambios que ayudarán a crecer y dar forma al éxito futuro de la empresa.

CARACTERÍSTICAS DE LOS LÍDERES TRANSFORMACIONALES

Los líderes transformacionales emplean altos niveles de comunicación asertiva para conseguir sus objetivos y aportan una visión de cambio que consiguen transmitir a los colaboradores, inspirándolos a ser mejores. De esa manera, aumentan la productividad y la eficiencia del grupo de trabajo gracias a la motivación, influencia e inspiración que logran en sus seguidores. Poseen una fuerte visión, personalidad y compromiso, gracias a la cual lideran el cambio dentro de las organizaciones.

Son capaces de transformar y cambiar las expectativas, percepciones y motivaciones del equipo. Cuando estos líderes y sus seguidores trabajan juntos, llegan a un nivel superior de moral y motivación. La clave está en el impacto que tienen sobre los seguidores, ya que dicho líder se gana la confianza, respeto y admiración de la gente que lo rodea.

¡Imagínate lo motivador que es tener un líder transformacional! A continuación, comparto las 4 características principales de un líder transformacional.

1. Integridad: Tienen una conducta ejemplar, tanto en su vida personal como laboral. La toma de decisiones se basa en valores y en el proceso, antes que en el resultado.

2. Inteligencia emocional: Tienen un alto manejo efectivo de sus emociones y son personas simpáticas. Canalizan correctamente su carga emocional para llegar a acuerdos y mantener relaciones sanas. Cuentan con un alto nivel de comunicación, incluso cuando se sienten molestos. Son capaces de decir: "estoy muy molesto contigo por esta situación", pero saben manejarlo de manera adecuada.

3. Coherencia: Predican con el ejemplo, tanto en actitudes como en comportamientos, sosteniendo sus palabras con hechos.

4. Comunicación asertiva: Mantienen conversaciones efectivas, basadas en hechos y no en opiniones, con una escucha fundamentalmente activa, para lograr un entendimiento integral.

Te pido que reflexiones sobre estos 10 tipos de liderazgo.

Reflexiona: ¿Qué tipo de líder eres actualmente y cuál te gustaría ser? ¿Qué te falta para convertirte en ese líder transformacional? Dicen que la clave está en tener parte de liderazgo transformacional y transaccional, para generar la recompensa de ganar-ganar y además transformar a la gente, lo cual es inspirador. ¡Logremos que seas un gran líder!

Piensa en lo que te falta para convertirte en ese líder que deseas ser. A mí me gusta mucho pensar en ese líder que admiro.

Hay personas que me hablan de maestros que en algún punto en su vida, ya sea en preparatoria o en la universidad, les ayudaron y creyeron en ellos más que ellos mismos. Les afirmaban que eran buenos para desempeñar alguna función, que tenían algún talento y no se habían dado cuenta. Y los invitaban a concursos de oratoria, de matemáticas y los inspiraron incluso a estudiar su misma carrera.

MIS LÍDERES TRANSFORMACIONALES

Mi padre es mi gran líder

Líder, ¿para ti quién es un líder transformacional? Para mí es una persona coherente, íntegra, que sabe dominar sus emociones de manera correcta, que incluso, cuando está molesto no se deja llevar por eso, es una persona asertiva en su comunicación, que da el ejemplo, busca tu bienestar, siempre dando el mejor consejo para que puedas crecer a nivel personal, profesional. Es una persona íntegra.

¿Por qué te digo esto? Porque para mí, un gran líder transformacional, **un ejemplo a seguir, es mi padre.** Desde muy pequeña, mi papá me enseñó, me educó a través de valores y regirnos por esos valores con honestidad. Somos católicos, nos basamos en la religión católica.

Además, mi papá siempre busca dar el mejor consejo, incluso cuando estás cometiendo un error. Él, es un gran líder que ha crecido a nivel personal y profesional. Alcanzó un alto cargo en la empresa que trabajó por muchos años y me siento muy orgullosa de él.

Recuerdo que, cuando estaba chica, decía que también quería trabajar muchos años en una empresa para viajar, capacitarme, desarrollarme y desarrollar a más personas a través de lo que hago, así como lo hace mi padre, es decir, ser un ejemplo a seguir. Pues resulta que ahora lo hago, pero a través de mi negocio. Cuando era adolescente hubo un accidente en casa de mis abuelitos —que en paz descansen— y la tragedia le ocurrió a uno de mis hermanos mientras jugaba con mis primos. En ese momento sentía las emociones encontradas. ¡Imagínate! Entre coraje, tristeza, mi hermano sangraba del ojo. No sabía qué hacer, me sentía impotente, no sabía cómo reaccionar.

Teníamos mucho coraje por lo que le pasó a mi hermano. Mi papá habló con nosotros. Éramos 3 hijos adolescentes más su hijo chiquito, que fue el accidentado. Y nos dijo: "Miren, todo pasa por algo, demos gracias que nos pasó a nosotros y que no fue al revés". ¡Imagínate nuestra reacción! —Pero papá, ¿cómo dices eso? O sea, ¿por qué dices que qué bueno que nos pasó a nosotros, a tu hijo? Él respondió: "Sí, tu tío se quedó sin trabajo, acaba de renunciar a la empresa y tu tía gana muy poco. Van a ser gastos fuertes y necesitamos unirnos como familia".

Ese día, mi papá me dio la lección más grande de mi vida. Me hizo ver que todo pasa por algo, que tenemos la capacidad de convertir en bueno lo malo. Y ¿qué fue lo que pasó? Nos unimos más como familia. Cuando eres adolescente, piensas solo en ti y eres rebelde, pero a partir de ahí, ¿qué pasó? Tomábamos decisiones en familia, siempre buscando el bienestar de todos. Ese día, ¡híjole!, mi papá me dio la mejor lección de liderazgo, porque nos habló con inteligencia emocional, incluso a pesar de la situación y fue asertivo con nosotros.

Nos mostró un ejemplo a seguir: En los peores momentos sacas tu liderazgo, eres ético con las personas y haces las cosas correctas, es decir, te riges por tus valores y le pones el ejemplo a tus hijos. Ese es solo un pequeño ejemplo de lo que mi papá significa como líder y para mí, es el mejor líder que existe en el mundo.

Él, siempre respondiendo por la familia, siendo responsable en su trabajo, creciendo, ayudando a la gente, cumpliendo con los objetivos, siendo ético, porque las cosas tienen que hacerse de manera correcta, diciendo las cosas y siendo honestos. Pase lo que pase, se deben asumir las responsabilidades. Siempre se rigió por sus valores.

También nos impulsó siempre a ser buenos. Digo mucho que, sí es cierto, que al lado de un gran hombre hay una gran mujer. Mi mamá siempre fue esa mano derecha apoyándolo para educarnos de manera correcta.

Siempre nos exigía. Ella, como maestra de escuela, nos hacía preguntas, nos planteaba problemas al salir de la escuela mientras llegábamos a casa de mis abuelitos. "Si pasa esta situación, ¿qué resolverías?". Problemas de todo tipo, mentales, matemáticos, nos hacía leer, nos enseñó muchas cosas y creo que eso fue clave. Fuimos personas cumplidas, trabajadoras, muy estudiadas, con buenos resultados en español, matemáticas. No batallábamos y eso se lo agradezco a mis padres.

Por fortuna, tengo una gran familia. Nos educaron para que nadie nos quitara las alas, para ser exitosos en lo que hacemos, para realizar nuestros sueños y ellos aplaudieran nuestros logros, diciendo: "Tú puedes". Además, nos dieron los mejores consejos. Cuando nos levantábamos nos ayudaban, cuando nos caíamos nos ayudaban a levantarnos, y hasta la fecha lo hacen ¡Son mis grandes líderes!

Te pido que pienses en ese líder transformacional. ¿Quién es para ti? ¿Por qué admiras a esa persona? ¿Qué hace? Retomando el ejemplo de mi papá, él siempre ha dado el mejor consejo a sus compañeros de trabajo, colaboradores, familiares. Incluso, la familia de mi mamá siempre lo busca porque sabe que puede dar el mejor consejo. A mi abuelito le encantaba platicar con mi papá.

Para mí, es la persona más sabia, inteligente, correcto en todo lo que hace y es un gran líder, que siempre está ahí para ti, siempre extiende las manos para ayudarte, para buscar qué puede hacer por ti para que crezcas, darte el mejor consejo, felicitarte si estás haciendo algo bien y corregirte si estás haciendo algo mal. Él es mi gran líder transformacional y junto con mi mamá ¡Son mi ejemplo a seguir!

Ahora entiendo por qué llegó a crecer, a estar en los niveles más altos de la organización, que jerárquicamente estaba primero el dueño de la empresa, después el director general. Debajo del director general estaba mi papá. Él prácticamente resolvía los problemas, salía al quite y me enorgullezco de quién es mi papá, la persona que siempre está ahí para ti.

John Maxwell dice que el líder debe ser un ejemplo para su equipo, para su gente, haciendo, actuando, diciendo y siendo la persona que quiere que sea su equipo. Esto es coherencia, integridad, inteligencia emocional, comunicación asertiva, ser un ejemplo para los demás porque cualquier persona puede convertirse en líder siempre y cuando esté dispuesto a aprender a desarrollar sus habilidades de liderazgo.

Mi papá ya se retiró, pero sigue aprendiendo, trabaja conmigo, con sus más de 37 años de experiencia en el área de Control de Calidad e Ingeniería, es un orgullo decir que es parte de mi empresa RHappiness Felicidad en el trabajo, que comparte sus conocimientos y sigue liderando a más personas a través de sus experiencias.

Se certificó en Microsoft, también se certificó a través de nuestro organismo certificador del CE para impartir y diseñar cursos en una especialidad internacional. Cuenta con otra certificación para prestar servicios de consultoría con nuestro Centro Evaluador del CONOCER, con el objeto de seguir ayudando a empresas a implementar sistemas de gestión de calidad, les ayuda a crear desde cero estos sistemas en todas las áreas de su empresa para cerrar ventas con clientes incluso de Estados Unidos.

Es un gran líder, una persona ejemplar y me encantaría que tuvieras un líder que te inspire a ser mejor y a convertirte en eso para los demás. ¿Qué valor le aportas a la gente a través de tu liderazgo? Les ayudas a ser mejor como persona y profesional, a que mejore sus hábitos, sus habilidades, sus capacidades. Eso es fundamental y es la gran tarea del líder.

Cuitláhuac Pérez, mi líder empresarial

Otro líder transformacional para mí en el aspecto empresarial, es Cuitláhuac Pérez, gran persona y amigo. Él es propietario de más de 5 empresas. Además de presidir al grupo Maen, que lidera a más de 70 empresarios.

Entre sus empresas puedo mencionar Maindsteel y Maindsoft, en el área automotriz. Él ha sido un gran líder para mí, me ha inspirado a ser mejor porque eso hace un líder transformacional, genera una transformación en ti. Cuando lo conocí, yo estaba en Jóvenes Coparmex de Aguascalientes y nos compartió su experiencia durante una actividad que se llama Amigos SOS. Nos platicó cómo empezó desde abajo, cómo creció paso a paso y cómo, él mismo, hacía sus propios juegos.

En su infancia tuvo muchas necesidades o escasez, aunque no lo veía así, ya que la disfrutó mucho creando sus propios juegos y juguetes, despertando de este modo al emprendedor. Antes de crear su primera empresa, fue un trabajador exitoso. Al emprender, hubo momentos en donde pensó cerrar, en tirar la toalla, que es algo que nos pasa a todos los emprendedores o a la mayoría. Esos momentos en que dices: "ya no puedo más, mejor busco un trabajo, es más fácil, voy a tirar la toalla".

A pesar de todo, como era un gran líder, la gente lo seguía y creía en él, en su proyecto y echaron a andar la empresa y la sacaron a flote.

Recuerdo que ese día le hice varias preguntas, ¿qué puedes hacer cuando la gente no cree en ti? Incluso familiares, amigos, personas cercanas. Me dijo: Miriam, me he divorciado varias veces por lo mismo, tienes que aprender a tomar decisiones y estar con personas que crean en ti, en tus sueños y que quieran alcanzarlos contigo. Dije: Ok, entiendo. Me encantaría y deseo llegar a ser como tú, ¿qué puedo hacer para lograrlo? Me respondió: Trabaja todos los días y cuando estés lista, la oportunidad va a llegar a ti.

Recuerdo perfectamente sus palabras, me encantaron porque fue como si las hubieran grabado en mi mente, tatuado en mi cuerpo. No tengo tatuajes, cabe mencionar, pero fueron eso para mí. ¿Por qué? Porque, desde ese momento fue algo que recordaba todos los días.

Tengo que trabajar todos los días y cuando esté lista la oportunidad llegará a mí. ¿Qué necesito para convertirme en esa persona que deseo ser? ¿Qué necesito para que las oportunidades lleguen a mí? Después de meses, contacté a Cuitláhuac para agendar una reunión en su oficina. Me dijo muy amablemente que sí.

Me abrió las puertas de su oficina y le hice varias preguntas sobre rentar una oficina, porque normalmente mis servicios son In Company, es decir, dentro de las organizaciones. Me asesoró después de evaluar pros y contras. También le pregunté acerca de asociarme, porque si te confieso, lo he intentado muchas veces y nunca ha funcionado. Él me compartió su experiencia, lo que le ha funcionado y lo que no; también los fracasos al asociarse y me dio consejos sobre con quién sí y con quién no. Me aconsejó no tomar ninguna decisión a la ligera antes de asociarme.

Anoté todo lo que me decía en mi libreta. Al salir de esa reunión, empecé a actuar. Unos meses después se presentó la oportunidad de convertirme de persona física a persona moral, porque decidí tener un centro de evaluación donde podría vender, capacitar, certificar y evaluar competencias en ciertas habilidades para certificaciones avaladas por la SEP y CONOCER junto con mi padre.

Entonces, volví a agendar una reunión con Cuitláhuac. Me volvió a recibir en su oficina y recuerdo que la conversación fue cada vez más profesional. Incluso recuerdo que me dijo:

—Miriam ¿te acuerdas de cuando te conocí? Te escondías incluso para hacerme preguntas, o sea, te tapabas, como que te daba pena.

—Sí, me imponías mucho porque te tengo mucho respeto y admiración, pero sí me daba pena. Era inseguridad lo que tenía, porque recién iniciaba mi negocio.

—Después viniste para lo de la oficina, para la sociedad. Viniste, me pediste consejos, te los di, rentaste tu oficina, veo que estuviste ahí un año, te fue muy bien. Y ahora vienes porque quieres convertirte de persona física a moral. Ve simplemente cómo estás, cómo estás recta, cómo estás parada, o sea, con esa seguridad. Ve tu forma de vestir, o sea, ha sido increíble tu cambio, tu transformación, Miriam. En estas 3 veces eres una persona totalmente diferente y veo que sigues creciendo, no paras y eso me encanta. Mucha gente se acerca conmigo, me pide mentorías, así como tú lo hiciste, pero después de tiempo vuelven a buscarme y vuelven a preguntarme lo mismo. Es desgastante dar un consejo de manera voluntaria porque quieres ayudar y las personas no pasan a la acción. Te desmotiva y dices no, mejor no, porque simplemente sigues en el mismo punto donde estabas. Contigo veo que de veras vas cambiando

—Pues bueno, vengo a preguntar, porque prácticamente ya estoy haciendo el trámite para ser persona moral. ¿Cómo estás?

—Ay, ¡qué padre, Miriam!, me da muchísimo gusto. Ya verás cómo todo cambia y eso da mucha más formalidad a tu negocio. Me encanta, se nota la pasión que tienes por tu trabajo y ese compromiso. Felicidades, Miriam y estoy para servirte en lo que necesites.

Cuitláhuac es un líder transformacional para mí porque me ha ayudado, me ha inspirado a ser mejor empresaria, a crecer, para convertirme en este líder empresarial que quiero ser, porque él sigue creciendo, creciendo y creciendo.

Se dedica a la innovación. Siempre busca cómo innovar para hacer crecer su negocio. Gracias a eso, a esa experiencia, decidí formar parte de Grupo empresarial Maen y también, gracias a eso, he compartido con otros empresarios su experiencia.

CONVIÉRTETE EN EL LÍDER QUE ADMIRAS

Ellos se convirtieron en mi líder transformacional, porque literalmente transformaron mi vida. Hay personas que me han hablado de líderes que tuvieron en su empresa o que tienen en la actualidad, que los han desarrollado y les han ayudado a ser mejores a nivel personal y profesional.

Hagamos una actividad: **"Carta a tu líder transformacional happiness"**:

→ Por favor, piensa en ese líder que admiras. Piensa: ¿Qué cualidades tiene? ¿Qué características tiene? ¿Cómo lo describirías?

→ Escríbele una carta, coloca la fecha e inicia como toda carta formal: Querido(a), nombre. Describe por qué lo/la admiras… sé específico, descríbelo en la carta y al final escribe tu nombre y fírmala.

→ Lee la carta para ti e imagina que lo tienes enfrente. Habla con esa persona, agradécele por cómo ha transformado tu vida. Nota: ¿A poco no te gustaría también que las personas se acerquen contigo y te digan cómo has impactado su vida de manera positiva? Esto es muy bonito y es una responsabilidad que tenemos como líderes, impactar la vida de los que nos rodean. Si tienes la oportunidad de leer la carta a tu líder transformacional, ¡hazlo! Será un momento mágico y gratificante.

→ Posteriormente, quiero que cambies el nombre de Querido/a (el líder que admiras) por tu nombre; asimismo, el nombre de quien firma por Dios (o la divinidad en quien creas), respetamos tus creencias y religiones.

→ Vuelve a leer la carta para ti (¡Se vale llorar, líder!)

. . .

Reflexión de la carta al líder.

Líder, te felicito por realizar esta actividad. ¡Bravo! ¿Cuál ha sido tu experiencia al leer la carta al líder?

Quiero recordarte que somos espejo, por eso es importante que te des cuenta de que aquello que eres capaz de admirar en el líder al que escribiste, también lo tienes tú, solo es cuestión de pulirte hasta que te conviertas en el diamante que deseas ser.

Cuando eres consciente de que no eres perfecto, pero que si eres un ser humano perfectible, créeme que puedes generar cambios en tu vida y lograr esa transformación que deseas. Piensa en ese líder que ha transformado tu vida (al que le escribiste) y reflexiona en qué necesitas hacer y qué te hace falta para convertirte en eso que deseas. Piensa, ¿qué te hace falta para ser ese líder que tanto admiras? ¿En qué puedes empezar a trabajar hoy? Te recuerdo que el liderazgo es un trabajo de todos los días. Empieza a ver qué acciones puedes realizar ya, porque el éxito empieza cuando sabes en qué quieres transformarte.

Asimismo, cuestiónate cómo impactas la vida de las personas que te rodean. Me encantaría ayudarte a través de este libro y nuestros servicios de formación para que alcances tu potencial y mejores tu liderazgo tanto en tu vida personal como profesional.

Analiza ¿Cómo impactar la vida de tus colaboradores, de tu familia y de tu empresa a través del liderazgo? Recuerda que el liderazgo se trabaja todos los días, como el músculo que entrenas en el gimnasio; debes practicar para fortalecerlo cada día más y ponerlo al servicio de los demás, hasta que veas florecer a tu equipo y vivir tu propósito.

Puedes subir de nivel y para ello debes ser consciente de dónde te encuentras en este momento. Reflexiona un poquito en eso y ponte un reto. Ahora profundizaré en los 5 pasos del camino de liderazgo.

DESCUBRE LOS 5 NIVELES DEL LIDERAZGO

Te invito a reflexionar dónde estás ahorita y dónde puedes llegar a estar. John Maxwell dice que para transformar nuestro liderazgo tenemos que ver en qué nivel nos encontramos. Empieza con pequeños pasos. Está bien que quieras devorarte el mundo, pero hay que ir de poco en poco para lograrlo.

Por eso, te comparto los 5 niveles del liderazgo, según John Maxwell.

El primero es POSICIÓN. En el momento en que decides tener ese nuevo cargo, las personas te seguirán porque tienen que hacerlo, pues estás a cargo, se basan en el título que ostentas, porque te nombraron jefe o líder del grupo.

La mejor prueba para saber si eres un líder de posición, es pedir a la gente que te siga más allá del límite de la autoridad establecida. Si no quieren, el líder está en el nivel 1 de la escalera. Es decir, solo tienes una posición.

Pero, ¿qué buscas? Si estás en el nivel 1, piensa en términos de empleados o personas. ¿Realmente te seguirían si no estuvieras a cargo? ¿Aceptan tu reconocimiento por el trabajo que haces o solamente por el puesto que tienes? ¿Has llevado a cabo algún cambio en relación con el rendimiento de las personas? ¿O simplemente te siguen porque crees que eres el jefe y si no lo hacen podrían perder su empleo? Si estás aquí, hay que descubrir cómo subir de nivel para que no solamente te vean tus subordinados, tus colaboradores o te sigan por tu posición.

El segundo nivel es PERMISO, se centra en las relaciones. Las personas te siguen porque quieren hacerlo. Cuando las personas comienzan a tener confianza en su líder, comienzan a seguirlo porque quieren.

Cuando el líder tiene la aceptación de la gente, el proceso de liderazgo se hace más grato para todos. Las personas positivas creen en quién los lidera, que a su vez, busca crear relaciones con el equipo de trabajo. Los colaboradores tienden a relacionarse entre sí, generan un vínculo con su líder y con la gente de su equipo para lograr avances y alcanzar los objetivos. Las personas respetan y admiran mucho a los que tienen la capacidad de influir sobre sus vidas. Este es el segundo nivel.

La mejor prueba para saber si eres un líder de permiso es observar si los colaboradores comienzan a seguirte porque quieren, te respetan y admiran y te ganas la facultad para influir sobre ellos.

Si ya tienes la aceptación de tu gente, vas por el camino correcto porque estás fomentando una buena relación dentro de tu equipo para llegar a los objetivos. Pero las relaciones positivas por sí solas, no son suficientemente fuertes para crear un liderazgo duradero. Para cosechar las recompensas es necesario avanzar al siguiente nivel.

El tercer nivel es la PRODUCCIÓN. Las personas te siguen por lo que has hecho por la organización, es decir, por los resultados que has tenido.

En este nivel, la influencia crece y se sostiene en los logros que alcanza tanto el líder como sus seguidores. Aquí las personas se alegran de los resultados cuando participan en la creación. Valoran más que se hagan las cosas para llegar a los resultados y subir de nivel.

En este punto, no saben demasiado sobre lo que ocurre en la vida de su equipo de trabajo y compañeros, pero guían correctamente para alcanzar los resultados esperados. Si estás aquí, estás llegando a buenos resultados como líder.

En este nivel, el líder y sus seguidores empiezan a disfrutar juntos del éxito. Si el líder alcanza este nivel, apoyado por los seguidores, alcanzan muchas de las metas propuestas. Pero para lograr un impacto que cambia vidas y éxito duradero, se debe dar el salto al siguiente nivel.

El cuarto nivel es el DESARROLLO DE LAS PERSONAS. Las personas te siguen por lo que has hecho por ellos. ¿En qué consiste? Los mejores líderes ayudan a desplegar el potencial de otros para que puedan llegar a ser líderes también.

Inspiran y dirigen a sus seguidores para desarrollarlos. Si eres un líder que se esfuerza por reproducir su liderazgo, multiplicarlo en otros y ayudar a la gente de tu equipo a alcanzar su máximo potencial, estás en el nivel 4. Te conviertes en un mentor. Ayudas a tus colaboradores a desarrollarse a nivel personal y profesional, buscando su ascenso dentro de la empresa.

La mejor forma de saber si eres un líder de desarrollo, es que, puedes hablar con cualquiera de tu equipo sobre la mayoría de los asuntos, ya sean laborales o personales, para buscar qué plan de carrera quieren desarrollar dentro de la empresa. ¿Crees que es importante que los demás te vean como líder? Tus informes de rendimiento son buenos, incluyendo las opiniones de tus pares y de aquellos que deben informarte directamente. Estás creando un equipo que se esfuerza por reproducir su liderazgo en otros y ayudar a la gente a alcanzar el desarrollo de su potencial.

Vas por el camino correcto si estás en este nivel 4, pero todavía puedes subir al nivel 5.

El nivel 5 es la PERSONALIDAD. El quinto es el verdadero nivel del respeto. Las personas te siguen por lo que eres y lo que representas, por tus valores y personalidad. El líder que dedica su vida al desarrollo de personas y organizaciones produce un impacto tan increíble, por tanto tiempo, que la gente lo sigue por lo que es y por lo que representa.

Si tú eres un líder nivel 5, te dedicas a inspirar a las personas y produces un impacto increíble, te rodeas de gente inteligente, personas implicadas y motivadas a contribuir con lo mejor de sí mismos, lideras equipos que hacen productos innovadores y consigues resultados empresariales por encima de la media.

Trabajas bien con tu equipo y los lideras de manera correcta para llevarlos a otro nivel. Haces que a la gente le encante su trabajo. Tienes poca rotación de personal, porque a menudo eres un mentor que ha ayudado a varias personas a avanzar en sus carreras.

La mejor forma de saber si eres un líder de personalidad, es darte cuenta de que te han ascendido con base en tus habilidades de liderazgo y el éxito de tus equipos; conectas con la cultura empresarial, conectas con las personas por tu esencia, desarrollas a tu gente y logras las metas de la organización. Si estás en este nivel, ¡felicidades! Estás alcanzando el nivel más alto de liderazgo y eso hace que tus resultados mejoren con crecimiento exponencial como líder.

Quiero que reconozcas tus cualidades como líder y pienses en qué nivel te encuentras ahorita, cómo puedes subir de nivel para que poco a poco alcances el nivel 5 de liderazgo. Recuerda que ser un líder es trabajar todos los días para convertirse en su mejor versión, equivalente a invertir en la bolsa; así es el liderazgo y vale mucho la pena por los resultados que obtienes a nivel personal, grupal y empresarial.

Si comparamos el liderazgo como invertir en la bolsa, piensa en que si esperas tener una fortuna en un día, no tendrás éxito. Lo más importante es lo que haces día tras día a largo plazo. Entonces tienes que examinarte, tienes que ubicarte dónde te encuentras en este momento y en qué debes empezar a trabajar para convertirte en el líder que deseas ser.

RETO DE AUTOCONOCIMIENTO:

Con base en lo estudiado en este capítulo, quiero que reflexiones qué pasos vas a dar a partir de hoy para convertirte en ese Líder Happiness perfecto. ¿Cuál es el primer reto que te dejo?

→ La primera actividad es hablar con 3 personas de tu empresa, de tu familia o de tu entorno acerca de lo que aprendiste en este capítulo. Cuéntales, para que no se quede la información en ti. Entre más la compartas, más aprenderás.

→ Asimismo, te pido que escribas: ¿Cuáles son las cualidades que tienes actualmente como persona y como líder? Y ¿cuáles son las áreas de oportunidad en las que puedes mejorar? Es decir, quiero que escribas 3 fortalezas y 3 debilidades (áreas de oportunidad) que tienes. Posteriormente, pregúntales a 3 personas de tu entorno, de confianza, cuáles consideran tus fortalezas principales, las 3 principales y cuáles son tus 3 debilidades o áreas de oportunidad, que puedes mejorar como persona y líder. Ve cuáles son las similitudes y diferencias entre estas personas. Es importante que observes estas similitudes y diferencias entre sí y las compares con lo que tú consideras de ti mismo. Te vas a dar cuenta de cómo te perciben los demás, cuáles son tus talentos, cualidades, fortalezas y en qué puedes trabajar para ser un mejor líder.

→ Describe cuál es tu tipo de liderazgo en este momento y cuál te gustaría tener y que debes hacer para lograrlo. Además de los pasos que puedes dar para convertirte en ese modelo que admiras.

→ Por último, en cuál de los 5 niveles que plantea John Maxwell te encuentras actualmente y cómo puedes subir de nivel. Si quieres llegar a nivel 5, piensa sobre cómo debes cambiar para crear el entorno en el que todos los colaboradores tengan una mejor experiencia a través de tu liderazgo. Haz un plan de trabajo para iniciar tu proceso de crecimiento y de desarrollo para llegar al nivel 5.

→ Adicional puedes buscar un mentor o coach ejecutivo que te ayude en ese crecimiento para alcanzar tus metas. Todos necesitamos uno en nuestra vida para transformar nuestro liderazgo. Y lo más importante, plantéate cuál es tu propósito y el impacto que quieres dejar en las personas que te rodean a través de esto. Por eso, tengo como mentor a John Maxwell que me guía para desarrollar mis habilidades y conocimientos para convertirme en una mejor líder y transmitirlo a mi equipo, familia, clientes y Líderes happiness que me siguen.

Piensa en los pasos que puedes dar a partir de hoy para convertirte en lo que deseas ser, de manera que trabajes para alcanzar esa meta.

¡Adelante, líder! Vas por el camino correcto para convertirte en un **Líder Happiness** en tu empresa.

DOS
DEFINE TUS METAS SMART
COMO LÍDER

COMO LÍDER, es tu responsabilidad definir el tipo de cultura organizacional que tendrá tu equipo de trabajo. Recuerda: el resultado de una empresa radica en la mentalidad de las personas que la dirigen. Entonces, ¿hacia dónde quieres llevar a tu equipo? Para empezar, debes tener claro cómo se encuentra tu empresa en este momento.

Cuando todo es importante, nada es realmente importante. Normalmente, los líderes preguntan cómo lograr que su equipo se alinee para lograr los objetivos empresariales, disminuir la rotación de personal, desarrollar a sus líderes, aumentar los ingresos dentro de su empresa, pero…

¿Sabes cuáles son las principales afectaciones en las empresas por falta de líderes? Te comparto información que publicó la revista Forbes en el año 2021. El 15.3 % de las empresas sufre una caída en los ingresos del negocio por falta de líderes que no procuran a su personal y ni sus funciones.

Un 75 % de las empresas perdió agilidad, resiliencia y

capacidad de innovación porque no tienen buenos líderes y no desarrollan sus habilidades técnicas y blandas.

El 40 % de las empresas quiebra por un mal manejo de personal y un mal liderazgo. Bien, es cierto que las personas renuncian a los malos jefes y no a las empresas, soy testimonio de eso. Los malos jefes afectan anualmente a 1.2 millones de personas. En algunos casos, se llegan a generar incluso enfermedades de las que no se toma conciencia (a mí me dio colitis). Más de 50,000 líderes pierden su trabajo al año por un mal liderazgo.

Imagínate el impacto y las afectaciones que tiene un mal líder. No te conviene. Necesitamos descubrir en qué necesitas trabajar para ser un buen líder.

En el capítulo anterior abordamos el autoconocimiento. En este apartado, deberás tener claridad de hacia dónde quieres dirigir a tu equipo de trabajo para alinearlos de manera correcta. Recuerda, un gran líder no necesariamente es quien hace grandes cosas, sino quien logra que otros lo hagan.

Define tu empresa con 5 palabras. ¿Hacia dónde quiere ir? ¿Cuál es la misión de tu empresa? Es decir, ¿cuál es la razón por la que se creó? Debe ser clara, comprensible y significativa. Esto te permitirá recordar por qué estás ahí.

¿Hacia dónde quieren ir y en cuánto tiempo? La visión debe ser inspiradora, pero también real y factible de cumplirse. Normalmente, muchas proyectan convertirse en la empresa más grande de su giro. Eso se expone solamente en el curso de inducción. Es importante que definas el propósito de la empresa y que todas las personas lo entiendan desde su puesto de trabajo para que te ayuden a lograr las metas de tu empresa o de la empresa donde laboras.

¿CÓMO DEFINÍ MI META SMART?

"Si quieres hacer reír a Dios, cuéntale tus planes"

Como líderes, a veces nos cuesta establecer metas, porque muchas veces ya las definió el jefe o la persona al mando.

Tu mundo exterior es reflejo de lo que piensas y tus logros reflejan tus pensamientos positivos o negativos. Las personas exitosas piensan en lo que quieren y sienten que el tamaño de sus objetivos es alcanzable. El logro de tus objetivos y de tus metas depende totalmente de ti.

Te platicaré acerca de mí, de cómo establecí mi meta SMART. Como ya te conté, descubrí que mi propósito era transformar líderes, ayudándolos a desarrollar sus habilidades, capacidades, conocimientos, actitudes, hábitos y valores a través de mis servicios para crear colaboradores y Líderes happiness efectivos que tengan bienestar laboral y disminuyan la rotación de personal.

Por lo que viví en una experiencia laboral con una ex jefa, tomé la decisión de emprender. Pude renunciar, buscar otro trabajo e irme a otro empleo que tal vez hubiera sido el trabajo de mis sueños, ganado bien; pero no era lo que yo quería. Tal vez hubiera estado en un ambiente laboral igual de insano o algo peor.

Lo importante es que tomé una decisión y establecí una meta SMART: específica, medible, alcanzable, realista, relevante y fijé un período dentro de un plan de negocios para crear mi empresa.

Confieso que no fue fácil definir el nombre de la empresa RHappiness Felicidad en el trabajo. Hubo veces que no dormí pensando en eso, cómo representaría mi propósito, por lo que tenía que definir una meta clara, específica, que pudiera comprobar. El nombre debía ser claro para las demás personas, con sentido de propósito, que me hiciera feliz, comprometida y conectada con mi propósito.

Un día, hablando con mi mejor amiga, le compartí los nombres que tenía en mente y al platicar mis avances de propósito, me llegó a la mente el nombre. Me gustaría que fuera R-Happiness. RH por Recursos Humanos, de Capital Humano, Talento Humano y R-Happiness de Felicidad. Que el eslogan sea felicidad en el trabajo.

Dije: "Eso me encantaría y le da un sentido". Pensé en buscar, así que encendí mi computadora mientras seguía hablando con ella por teléfono, le pedí que me esperara mientras que buscaba si estaba registrado ese y descubrí que no estaba registrado. —¡Ya lo tengo!, mañana le digo a mi cuñada (que es mi diseñadora del logo), que ese será mi nombre para que empiece a crear el diseño de mi logotipo. Gracias amiga, porque me inspiraste. Y terminé la llamada.

Estar con las personas correctas te ayuda a dar lo mejor de ti y cuando les platicas tu sueño, como se dice: "cuéntale a Dios tus planes…" puede que se rían de ellos, tal vez él tiene otros para ti y pueden ser mejores. **Cuando tienes definida tu meta, puedes controlar la dirección de tu vida. Toda acción tiene una intención, entonces tienes la llave para lograr tus metas, el secreto está en establecer metas que te hagan feliz y que vayan con la metodología SMART.**

Ese día dormí tranquila, feliz, emocionada, ya tenía el nombre de mi empresa.

Las metas que establecí y cómo las logré:

→ Primero, a través de una gráfica Gantt fui registrando mis avances. Ya tenía una licenciatura en asesoría psicopedagógica en la Universidad Autónoma de

Aguascalientes, de la que egresé en el 2012 con duración de 4 años. En el último, elegí especializarme en el ámbito empresarial, me gusto mucho.

→ Posteriormente, decidí estudiar una maestría en recursos humanos y gestión del conocimiento en modo *online*, que terminé en 2015.

→ En el 2015 trabajé en el área de Recursos Humanos en empresas y en el ámbito educativo impartiendo clases a nivel universitario; ejerciendo lo que aprendí en la carrera.

→ En el 2019, decidí renunciar. Recuerdo perfectamente que fue el 25 de enero del 2019 y para el 15 de febrero, ni siquiera había pasado un mes, ya estaba inscrita en el programa para hacer mi plan de negocio. Me propuse que en mayo tendría mi empresa, y ¡cumplí mi fecha límite!

→ El 20 de mayo registré la empresa ante el IMPI (Instituto mexicano de la propiedad industrial).

→ En el año 2019 decidí certificarme en risoterapia empresarial.

→ Después decidí certificarme en el Tecnológico de Monterrey (ITESM) e International Coaching Technologies como "*Coach* internacional ejecutivo y alineación de equipos de trabajo", lo cual me abrió muchas puertas, me ayudó a alinear a las empresas para lograr sus objetivos.

→ Después decidí certificarme en los estándares EC0301 y EC0217 (en ese entonces no había actualización) para impartir y diseñar cursos, avalados por la SEP y CONOCER

→ En el año 2021, decidí hacer el cambio de persona física a persona moral, tomé ese riesgo para crecer a través de nuestro Centro Evaluador, donde capacitamos a las personas para adquirir las competencias, conocimientos, aptitudes, hábitos y valores que debe tener una persona competente ante CONOCER.

→ Después, decidí afiliarme a una federación increíble, la ICSF, a la que pertenecen grandes conferencistas como César Lozano, Nayo Escobar, Melesio Vázquez, Arturo Blackaller, Luis Inestroza por mencionar algunos. Me convertí en Master Trainer. Además, con mi certificación de Líder Happiness avalada por esta federación para darte herramientas increíbles con un folio reconocido a nivel internacional de valor profesional. Es una meta fabulosa que me propuse y cumplí.

→ Actualmente, soy miembro de la Certificación Maxwell Leadership como capacitadora, oradora y conferencista. Sigo en este proceso con la metodología de John Maxwell, porque quiero brindarte los mejores servicios y ayudarte a desarrollar tu liderazgo, a cumplir tus metas a nivel personal y profesional.

Debes trabajar en tus metas constantemente. ¿Recuerdas la respuesta de mi amigo y gran líder, Cuit Pérez, cuando le dije me gustaría y desearía llegar a ser tan exitosa como él? **"Trabaja todos los días y cuando estés lista la oportunidad llegará a ti".**

Cuando tienes una meta con una intención que va conectada con tu propósito, todos los días trabajas por ello y aunque no todos los días serán días buenos, harás que ese día valga la pena porque te está acercando a tu meta.

Tienes todo para lograrlo, líder. Entonces, piensa ¿qué acciones llevarás a cabo hoy para acercarte a tu meta? Espero que con tu meta SMART realmente pases a la acción e invites a tu equipo a soñar contigo para alcanzar tus metas. Para eso tienes que conocer a tu gente, desarrollarlos, empoderarlos y que quieran alcanzar las metas junto contigo.

Sinceramente, sigo estableciendo metas SMART día a día. Cada avance se convierte en una palomita de logro, tengo claro qué sigue y cada día estoy más cerca de alcanzar mis metas. Hazlo y trabaja todos los días para alcanzarlas. Quiero sumarte y ayudarte para que logres tus objetivos y les aportes valor a tu familia, pareja y amigos.

EJEMPLOS DE METAS SMART EMPRESARIALES

1. **Incrementar ingresos:** Aumentar los ingresos mensuales de la empresa en un 25% para diciembre de 2025 mediante la expansión de nuestros servicios de capacitación en liderazgo a cinco nuevos mercados internacionales.

2. **Clientes recurrentes:** Incrementar la tasa de clientes recurrentes en un 30% para junio de 2025 implementando un programa de fidelización y seguimiento personalizado.

3. **Capacitación:** Invertir en al menos 10 nuevos cursos enfocados en liderazgo y trabajo en equipo para diciembre de 2025, alcanzando al menos desarrollar a nuestros líderes empresariales.

4. **Expansión internacional:** Abrir dos nuevas oficinas internacionales, antes de diciembre de 2025, para fortalecer nuestra presencia global.

5. **Reconocimiento de marca:** Lograr que la empresa sea reconocida como líder en capacitación empresarial en México y Latinoamérica antes de diciembre de 2025 mediante la participación en al menos 10 conferencias internacionales y la publicación de 50 artículos en medios relevantes.

6. **Equipo de trabajo:** Contratar y capacitar a 10 colaboradores apasionados y comprometidos con nuestra misión para marzo de 2025, fortaleciendo el equipo y mejorando los procesos internos.

7. **Satisfacción del cliente:** Mejorar la satisfacción del cliente en un 20% para julio de 2025 mediante encuestas trimestrales y la implementación de mejoras basadas en sus comentarios.

8. **Sostenibilidad financiera:** Reducir los costos operativos en un 15% para agosto de 2025 mediante la optimización de recursos y el uso de herramientas tecnológicas más eficientes.

¿CUÁL ES TU META COMO LÍDER?

Piensa un momento en aquella ocasión en que te ofrecieron ese puesto como líder. ¿Qué sabías? Que tendrías personas a tu cargo, a las que dirigir y dependía de ti llevarlas por el camino correcto. Obviamente, habrá momentos en que te equivocarás porque no naciste sabiendo. Un gran error es que no nos capacitan para ser líderes.

Necesitamos esta formación para aprender a comunicarnos con la gente, delegar correctamente, desarrollar la inteligencia emocional, dirigir correctamente a las personas, desarrollarlas y empoderarlas, guiarlas por el camino correcto para que logren metas en conjunto, avanzar y trabajar como equipo. Además, autoconocernos, que ya lo abordamos en el capítulo anterior, para conocer fortalezas y debilidades, es decir, esas áreas de oportunidad en las que puedes mejorar.

Encuentra tu propósito de vida. ¿Por qué quieres dirigir a esas personas? ¿Por qué quieres estar frente a ellas? ¿Por qué quieres liderarlas? Esto es importantísimo para establecer tu meta. Ya que tienes tu propósito personal, pasamos al propósito empresarial, donde tenemos que conocer la misión.

Es decir, ¿por qué se creó la empresa? ¿Cuál era el objetivo principal al crearla? ¿Hacia dónde va? ¿Cuál es la visión? ¿Cuáles son los valores de las personas que trabajan en la empresa? ¿Cuál es el propósito de la empresa? ¿Qué es lo que quiere lograr? ¿Qué legado quiere dejar en este mundo? Las personas que están aquí, ¿cómo cumplen este propósito? ¿Qué aportan a los demás con lo que hacen?

Cuando encuentras estas respuestas, es fácil tener claro hacia dónde vas, hacia dónde llevarás a tu equipo de trabajo y qué es lo que quiere la empresa de ti. Con claridad sobre la filosofía empresarial: misión, visión, valores, propósito, promesa de marca, es decir, qué promete la empresa, sabrás por qué estás en esta compañía y no en otra. Entonces, cuando tengas reuniones para hacer la planeación estratégica, donde definas cómo lograrán las metas generales dentro de la empresa, podrás ver los avances en tareas más pequeñas hasta alcanzar los objetivos.

Este podría ser un ejemplo. Si tenemos una meta de 3 a 5 años, ¿hacia dónde queremos llevar a la empresa? Se tendrá que definir ¿Qué queremos lograr en este año? ¿Cómo lo lograremos como equipo en cada una de las áreas?: Recursos humanos, producción, calidad, administración, finanzas, en fin, todas las áreas. ¿Cómo lograremos este propósito? Se debe definir una meta general que abarque lo que corresponde hacer a cada quien y dividirlo por trimestres, de manera que sea más fácil cumplir los objetivos.

Simplificado por colaborador. Si se deben cumplir las metas el 31 de diciembre de este año, se establecen 12 objetivos y se evalúan los avances por trimestre. Si se trata de bajar de peso, se define cuanto bajar por mes. Cada 3 meses analizas cuánto adelgazaste o si te acercaste a esa meta y ¿qué te falta para alcanzarla?

Después del primer trimestre, ¿qué tan cerca estás de la meta? ¿Qué hace falta para acercarte y lograrlo? De este modo, será más fácil hacer ajustes, lo mismo como líder. Si eres capaz de sentarte con tu equipo y ver hacia dónde van, cómo están en este momento, podrás hacer ajustes para remar juntos en la misma dirección y comprometerse a lograr esos objetivos. De verdad, es muy valioso, es una actividad que implemento en mis talleres.

Haz que realmente se comprometan, que visualicen hacia dónde van y que escriban sus compromisos, incluso que pongan su huella. Qué bonito es cuando voy a la empresa y me muestran los compromisos, a través de un cartel en donde cada colaborador escribió sus compromisos. Con post-it, plumones, incluso su huella con pintura.

Se ve muy bonito. Además, adorna el lugar, el área de recursos humanos o un área común donde pasan todos y dicen: "ah, sí, ahí está mi compromiso, si me acuerdo". Es compromiso tanto del colaborador como del líder.

Además de superbonito, verás los cambios que generan ver plasmado su compromiso y claro, recordarlo todos los días, porque hay que vivirlo. ¿A qué te comprometiste? Hay que hacerlo.

Quiero preguntarte, ¿qué acción positiva puedes hacer hoy que te acerque a tus metas? Tienes que formar el hábito de lograr tus metas, porque genera satisfacción, mejora la autoestima y ayuda a seguir alcanzando más metas.

Lo tienes que hacer tú, porque tienes la llave para establecer metas que te hagan feliz. ¿Qué consejos puedo darte para cumplir tus metas SMART?

CONSEJOS PARA ALCANZAR TUS METAS SMART

Te daré 5 consejos. Créeme que aunque he logrado varios objetivos, todavía tengo algunos a nivel personal, profesional, empresarial, familiar, de salud y dinero, es decir, en todas las áreas de mi vida, que quiero lograr. Y trabajo por ellos todos los días. Espero que tú también lo hagas, que tomes el control de tu vida y decidas trabajar continuamente para ser mejor que ayer y alcanzar las metas que deseas.

En primer lugar: ¡Cree en ti!, desbloquea tu potencial. Imagina que puedes alcanzar todo lo que deseas. ¿Qué es lo primero que quieres ser, tener y hacer para convertirte en el líder que deseas ser? Piensa en eso y trabaja desde hoy.

Segundo lugar: Identifica las actividades que te acercan a cumplir tu propósito. ¿Cómo puedes hacer más de eso? ¿Cómo puedes lograr tu propósito? ¿Cómo puedes tener más de esas actividades que te hacen feliz y te ayudan a vivir tu propósito?

Tercer lugar: Aprende a priorizar lo que es urgente y lo que es importante. Decide llevar a cabo actividades que te acerquen a vivir tu meta y tu propósito. Identifica tus pensamientos porque solo tú los puedes cambiar. Decide qué quieres cambiar, por qué quieres cambiarlo y cómo puedes cambiarlo. Si piensas que no puedes, puedes estar seguro de que tu mente se lo va a creer. Entonces, tienes que cambiar esos pensamientos por algo positivo.

Cuarto lugar: Céntrate en lo que quieres y cómo te verías alcanzando esa meta. ¿Cómo te sentirías? ¿Cómo sería tu vida? Y eso transmítelo a tu equipo, transmítelo a tu gente para que quieran sumarse contigo a ese sueño, a esa meta, y alcanzarla junto contigo. De este modo será más fácil alinear a tu equipo de trabajo.

Quinto lugar: Imagina que tienes la garantía absoluta de lograr tus sueños. ¿Qué acciones quieres lograr inmediatamente? Tú tienes el control, Líder Happiness. Establece tus metas SMART tanto de manera individual como empresarial. En el siguiente capítulo te enseñaré a hacerlo.

¿CÓMO DEFINIR EL PROPÓSITO EMPRESARIAL?

Propósitos empresariales

DISNEY: ¿Cuál es el propósito de Disney? Crear felicidad. Su misión es hacer feliz a la gente en todo el mundo y su visión es convertirse en el más grande productor y proveedor de entretenimiento e información del mundo. ¿Cómo lo hacen? A través de sus parques de diversiones, películas y *souvenirs*.

Cuando vas a Disney, no importa la edad, eres feliz. El propósito lo tienen que entender todas las personas, no importa el puesto que tengan. Por ejemplo, en Disney, su propósito es crear felicidad. El equipo de limpieza crea felicidad a partir de espacios impecables. El equipo de los restaurantes crea felicidad a partir de comida sana al gusto de los huéspedes y clientes. ¿Por qué a los clientes les llaman huéspedes? Las personas que representan un personaje o que llevan la botarga crean felicidad a partir del personaje. El propósito es la razón de ser de la empresa y debe estar presente en cada proceso. En mis cursos hago que la gente establezca su propósito, que entienda y explique cómo cumple ese propósito desde su puesto de trabajo.

¿CUÁL ES EL PROPÓSITO DE MI EMPRESA?

En RHappiness ayudamos a desarrollar líderes empresariales y educativos para adquirir las competencias para 'transformar su liderazgo', tener bienestar y crear equipos de trabajo competentes, felices y productivos los cuales logren sus objetivos, además de disminuir la rotación de personal, creando una empresa exitosa, que fomenta el bienestar laboral y propicia el liderazgo y la integración de los equipos.

El propósito de mi empresa RHappiness es **transformar el liderazgo de las personas.** ¿Cómo lo hacemos? A través de nuestros servicios adaptados a la medida de tus necesidades, siendo tu mejor aliado en capacitación dedicada a potencializar el capital humano de tu empresa, con base en la flexibilidad, calidad y servicios personalizados en el área de capacitación, *coaching* ejecutivo y certificaciones avaladas por la SEP, CONOCER y la ICSF.

El objetivo es potenciar la conexión con cada puesto de trabajo a través y reconocerse como pieza clave para lograr el propósito de la empresa. Lo cual te ayuda a conectar con ellos, a generar mayor responsabilidad, compromiso, a disminuir la rotación de personal, a lograr mayor atención y servicio al cliente, tanto interno como externo. Es decir, interno con las áreas de la empresa, con los compañeros de trabajo; externo con los clientes que compran nuestros productos o servicios.

Acércate a tu gente, para saber qué quieres lograr y los pasos que tienen que dar para lograr su propósito.

¿QUÉ ES EL PROPÓSITO?

Para mí, el propósito es: "la manera con la que hemos venido a contribuir a este mundo, poniendo nuestros dones y talentos al servicio de los demás, haciendo algo que nos apasiona". Miriam Rizo

Y describo el propósito como un acrónimo, de la siguiente manera:

P - Pasión por lo que haces. Debes de tener claro qué es lo que amas y te apasiona.

R - Recursos económicos, materiales y personales para vivir tu pasión.

O - Obstáculos a enfrentar. En el camino se presentarán varias situaciones que te pueden distraer del camino, por lo que debes estar 100 % convencido de vivir tu propósito para seguir adelante y no desistir al primer, segundo o tercer obstáculo que se presente, sino continuar y afrontar las adversidades.

P - Pensamientos positivos. Es indispensable que creas en ti, porque puedes lograrlo, yo creo tienes la capacidad de cuestionar la razón de esos pensamientos y cambiarlos por algo positivo. Recuerda que somos lo que pensamos y tu fan número uno debes de ser tú mismo, así que aprende a cambiar tus pensamientos para lograr todo lo que te propongas.

O - Oportunidades. Aprovecha todas las oportunidades que se te presenten. Un gran líder me dijo: "Trabaja todos los días y cuando estés lista, la oportunidad llegará a ti". Ese fue un gran consejo de Cuitláhuac Pérez. Lo seguiré compartiendo contigo para que te prepares todos los días para convertirte en la persona que deseas ser y estés listo para aprovechar las oportunidades para cumplir tus metas.

S - Sabiduría. Necesitas sabiduría para elegir lo mejor para ti en todo momento y escoger siempre la opción que te favorezca tanto a nivel personal como profesional. Tal vez hoy lo consideras un sacrificio, pero esa decisión te ayudará a llegar a donde quieres estar. Sé sabio en tus decisiones.

I - Inteligencia emocional. Para gestionar y controlar tus emociones asertivamente en todo momento y ante cualquier situación. Incluso en los momentos en que te sientes molesto o enojado. Es indispensable identificar qué cosa, situación o persona te hizo sentir así. Para descubrir la causa y trabajarla de manera interna necesitas conocer el fondo. Recuerda, la gente hace cosas y nosotros decidimos si eso nos afecta o no. Es una decisión que tomas. Tú decides si lo que hacen los demás te afecta o no, cómo te afecta y por cuánto tiempo. Por eso es tan importante aprender a manejar correctamente nuestras emociones, canalizarlas y buscar un equilibrio. Tengo amigos que por falta de inteligencia emocional han despedido a su mayor talento y después se arrepienten, me contactan después de cometer el error para que los ayude a desarrollar buena inteligencia emocional y los capacite en estabilidad.

T – Toma de decisiones asertivas. Necesitarás aprender a priorizar tus actividades, elegir las que son urgentes e importantes para cumplir tu propósito. De esa manera, optimizarás tu tiempo y tendrás claro cuál es la primera tarea a realizar para llegar a tu meta y así sucesivamente. Constantemente debes tomar decisiones.

O - sentirte Orgulloso, de quién eres, ten paciencia, cada persona tiene su tiempo y ritmo. Céntrate en ti, reconoce los logros que has tenido y siéntete orgulloso de quién eres. Siempre puedes ser mejor.

Te explicaré con más detalle cómo encontrar tu propósito.

Hay una filosofía llamada *Ikigai*, con 4 cuadrantes principales.

1. Lo que amas, es tu pasión.
2. En qué eres bueno, es tu profesión.
3. Qué necesita el mundo de ti, es tu misión.
4. Por lo que te pagarían, es tu vocación.

Al conectar estos 4 cuadrantes, encontrarás tu propósito.

Todos los grandes líderes tienen un porqué y lo dice Simon Sinek. Cuando estás conectado con tu por qué, con tu propósito, el dinero llega por naturaleza. Porque sabes aportar valor a la gente que te rodea.

Entonces, tienes que encontrar tu por qué. Y así encontrarás los recursos, que serán el cómo y el qué. ¿A qué te vas a dedicar?

Por ejemplo, ¿qué amo hacer? Yo, amo enseñar, conectar con la gente, hablar en público, ayudar a la gente, viajar y transformar líderes.

¿Cuáles son mis talentos, en que considero que soy buena? Considero que soy buena para enseñar, capacitar, para conectar con la gente, ayudar a la gente, proyectar confianza, transformar líderes.

¿Qué necesita el mundo? Necesita crear líderes conscientes, desarrollar un liderazgo personal y empresarial. Este líder necesita encontrar su propósito en la vida, aumentar la productividad, disminuir los gastos en su rotación de personal, bajar los niveles de ansiedad y estrés dentro de las empresas, fomentar entornos saludables y llenos de felicidad, transformar el liderazgo.

¿Por qué me pagarían? Por certificar a las personas en temas de liderazgo, por capacitarlas para que mejoren sus habilidades en liderazgo, por encontrar su propósito personal, por aumentar la productividad y disminuir la rotación de personal de las empresas.

Al responder las preguntas encontré mi propósito que es **TRANSFORMAR EL LIDERAZGO DE LAS PERSONAS** . Me veo como proveedora en temas de liderazgo personal y empresarial con el propósito de enseñar, capacitar y certificar a las personas en conocimientos, habilidades y competencias que transformen su liderazgo, aumenten la productividad, disminuyan la rotación de personal y creen empresas felices y exitosas a través de mis servicios.

Te invito a descubrir tu propósito, con claridad sobre tu profesión, es decir, tus fortalezas, en qué eres bueno, lo que amas hacer, cuál es tu pasión, tus talentos o para qué eres bueno; lo que necesita el mundo, tu misión y cuál es tu vocación por la que te pagarían.

Una vez definido esto, te invito a enamorarte de lo que haces. La gente confiará en ti si logras contagiar la emoción que sientes mientras construyes algo increíble en lo que crees y te hace crecer a nivel personal y profesional. Todos tenemos algo que nos apasiona. ¡Encuéntralo y contágialo! Capitalízalo creando algo bueno para bien de la sociedad y de los que te rodean.

Yo encontré mi propósito en el 2019. Gracias a eso, pude certificar a varias personas en temas de liderazgo. He desarrollado *team building* para más de 150 personas, en ocasiones en eventos para más de 600 personas.

He trabajado con empresas como Airbnb, AB InBev, Grupo Modelo, González Trucking, Kodak, NTN, SOSTIC, por mencionar algunas de las que han confiado en mis servicios, porque es mi propósito. Vivir tu propósito te invita a que las personas descubran el legado que quieres dejar en el mundo y cómo puedes ayudarles.

Recuerda, Simon Sinek dice, la gente no compra lo que haces, compra el por qué lo haces.

En resumen, para encontrar tu propósito, conecta tus talentos con tus valores, descubre en qué eres bueno, qué amas hacer, por qué te pagaría la gente y cómo puedes monetizar todo eso.

Una vez que encuentres tu propósito, comunícalo a tu equipo de trabajo. Tómate un tiempo para conocer el propósito de tus colaboradores y conéctalo con el objetivo empresarial.

Es una gran herramienta para tener una cultura donde ayudes a que tu gente crezca. Te invito a que hagas un análisis FODA (acrónimo de Fortalezas, Oportunidades, Debilidades y Amenazas) para conocer con amplitud las fortalezas, las oportunidades, las debilidades y amenazas dentro de tu equipo de trabajo.

Te ayudará a mantener alineada el área a tu cargo con los objetivos empresariales y a crear planes de acción con actividades, tareas, tiempos y fechas en las que se cumplirán, así como la persona responsable de ejecutarlos para llegar a los objetivos empresariales. Muchas veces, dejamos esto en manos del puesto directivo, sin embargo, es importante realizarlo con tu gente para generar compromiso.

Se cometen varios errores cuyo resultado es no conectar con el propósito. Uno de ellos es no comunicarlo a tu gente, y por lo tanto, no saben por qué están ahí, creen que solo es por un trabajo.

¿Qué pasa cuando no apoyan ni al líder ni a la visión? La gente no te seguirá para cumplir los objetivos de la empresa porque creerán que es una imposición. Es necesario conseguir que los colaboradores sigan al líder, lo apoyen y también que conecten con la visión empresarial y la apoyen. De esa manera tendremos gente comprometida con el líder y la visión. Lo seguirán sin condiciones, porque confían en él, en su causa, en su propósito y saben hacia dónde los dirige para llegar a las metas.

EXPERIENCIA DEL CLIENTE

Te contaré una anécdota. El otro día hablé con el director de una empresa que me pidió ayuda. Me dijo que sus colaboradores no se sentían comprometidos, que tenía mucha rotación de personal, lo cual no le permitía lograr sus ventas. No lograba las ventas ni las metas de la organización.

Le dije: —ah, muy bien, entiendo la importancia de tener colaboradores felices para aumentar la productividad de tu empresa; retener el talento, ya que la gente se va porque no se siente feliz y eso genera altos costos. Profundicemos para encontrar el problema raíz. Hice una entrevista con él y su gente.

Tenía dos gerentes, uno de ventas y otro administrativo. Al platicar con ellos, me di cuenta de que el problema era que la gente no se sentía feliz trabajando en su empresa, que normalmente estaban estresados y lo expresaban, que los líderes no inspiraban a la gente y, por el contrario, los asustaban. De ahí la alta rotación de personal. No eran conscientes de que el trabajo era de todos, no sabían trabajar en equipo ni colaboraban entre sí, en su lugar, que cada uno trabajaba individualmente por sus metas.

Las personas no duran porque están estresadas y quemadas por todo el trabajo que tienen y en consecuencia no llegan a las metas. Entonces se produce el *burnout* (síndrome del trabajador quemado) que disminuye la productividad. Además, no tienen tiempo para capacitar a la gente, lo que provoca desmotivación en los colaboradores que se refleja en el trabajo y ambiente laboral.

Eso fue lo que me dijeron. Te confieso que, mientras escuchaba, por una parte, me entristecía saber de esta situación, que no le deseo a nadie, pero por otra, me emocionaba porque sabía que era un gran reto para RHappiness.

¿Cómo podíamos ayudarle? Le dije: ok, entiendo lo que están pasando. Tenemos que hacer varias cosas:

- Fomentar la felicidad en el trabajo y el bienestar laboral.
- Desarrollar a tus líderes para generar cambios positivos en ellos, que sean conscientes de su tipo de liderazgo y cómo pueden ser mejores para convertirse en un Líder Happiness efectivo, generando una transformación en ellos. Cabe mencionar que la transformación consiste en cambios positivos de manera perdurable.
- Concientizar a los colaboradores acerca de la importancia de trabajar en equipo para lograr las metas personales y profesionales con una mentalidad de ganar-ganar.
- Aumentar el compromiso y el sentido de pertenencia en la empresa.
- Fomentar una cultura empresarial positiva donde los colaboradores sean parte de los objetivos.
- Reconocer el talento humano.
- Impartir capacitación constante para tener personas competentes dentro de la empresa, fomentar su desarrollo y crecimiento personal y profesional. La capacitación es la herramienta que los convierte en los mejores haciendo lo que saben hacer.
- Fomentar el liderazgo y el trabajo en equipo.
- Conocer realmente a tu gente. Con un radar de motivación podrás conocer los intereses principales y así, podrás conectar con su propósito y este, a la vez,

con el propósito empresarial para trabajar en la misma dirección.

Es importante trabajar todo esto para disminuir los costos por rotación de personal, aumentar el sentido de pertenencia de los colaboradores, el compromiso, la responsabilidad y mejorar el liderazgo. Los cambios se tienen que hacer de manera interna para que se vean en el entorno.

Asimismo, se tiene que hacer de arriba hacia abajo. Podemos implementar un programa de liderazgo para generar esos cambios en tus líderes en primer lugar, porque empezar con un *team building* para fomentar la felicidad y trabajo en equipo sin cambiar a los líderes y hacerlos conscientes de que todas sus acciones afectan o benefician a su equipo de trabajo y a los resultados de la empresa, no genera este cambio, es decir, no es una pastilla mágica donde tus colaboradores se van a sentir felices y van a generar conciencia en ese momento.

Entonces, primero se trabaja en el programa de liderazgo o una certificación de liderazgo para generar una transformación a través del autoconocimiento. Después se deben establecer las metas como líderes en su área de trabajo, ser conscientes de sus motivadores principales y que, a la vez, puedan acercarse a su gente para conocer sus motivadores, y conociéndolos, alinear al equipo de trabajo con los objetivos organizacionales.

También aprenderán a comunicarse con su gente, incluso cuando cometan errores, sabrán dar una retroalimentación positiva a través de los 5 pasos que les recomiendo: Mencionar el comportamiento, las consecuencias, cómo se sienten ante esta situación, escuchar a la otra persona y llegar a acuerdos.

Es importante que también sepan delegar, a quién delegar y cómo delegar, siguiendo los pasos correctos. Eso es crucial para lograr los objetivos de tu empresa. Recuerda que los empleados que creen que los líderes se preocupan por ellos como personas y no solo como un números de nómina o empleado, son más productivos, están más satisfechos, se sienten más realizados.

Los empleados satisfechos crean clientes satisfechos, lo que produce empresas más rentables. Esta frase de Anne M. Mulcahy representa nuestra filosofía, al igual que ser conscientes de que la preocupación de toda empresa debe ser cuidar a su personal, hacer que ellos se sientan felices. De lo contrario, la gente no llegará a los resultados, el cliente notará esa infelicidad de los colaboradores. Ellos son los embajadores de tu marca, entonces hablarán bien o mal de tu empresa. De ti depende lo que digan. Te invito a trabajar.

En fin, hablé con este empresario, le interesó colaborar en conjunto, le presenté una propuesta y empezamos a trabajar.

Sabía que sería un proceso de meses. Primero hicimos el programa de entrenamiento para líderes, un diplomado que incluye una certificación avalada por CONOCER, en donde se garantiza que las personas tengan los conocimientos, habilidades, competencias, aptitudes, hábitos y valores de un líder efectivo en las organizaciones. Este programa duró 2 meses, cuyo resultado fue que empezaron a tener cambios porque se fueron acercando a su gente.

Decían: "¡Wow, nunca habían sido así las juntas!. Ya nos agradecen el hecho de acercarnos para conocer sus motivadores". "¡Wow, toman en cuenta mi opinión!" Lo que los hizo sentirse mucho más comprometidos.

Los cambios fueron impresionantes. Ellos lo notaron durante 2 meses, en los que, de manera constante, hicieron cada una de las actividades que les pedía. Eso creó conexión, aumentó la confianza que había entre los colaboradores, los líderes y sus subordinados y toda la organización, por lo que aumentó la confianza, la responsabilidad y el compromiso.

Logramos aumentar los resultados gracias al compromiso y al sentido de pertenencia que creamos con los colaboradores. Pasados 2 meses, evaluamos a los líderes como competentes en el estándar de liderazgo efectivo en las organizaciones ante CONOCER, lo cual tiene valor curricular y continuamos con un programa para cambiar y transformar a líderes. Trabajamos en otro programa con la metodología de John Maxwell durante 2 meses más para fomentar los valores, planes de acción y enseñarles las leyes de crecimiento en los líderes, para su implementación a nivel personal y profesional.

El cambio fue increíble. Ahora autoevaluaban cómo se encontraban en el tema que estábamos tratando y las acciones a realizar durante la siguiente semana para mejorar esos valores y esas acciones. Fue fantástico porque generaron esa transformación de manera interna, se hicieron conscientes de sus errores y eso les permitió mejorarlos. Los cambios no solo fueron a nivel empresarial, sino también con sus familias, relaciones y contexto.

Fueron impresionantes las experiencias que me contaban. Posteriormente, para rematar y completar esto, en el semestre realizamos un *team building*. De esta manera, se permitieron disfrutar y divertirse mientras jugaban y aprendían al mismo tiempo.

Se permitieron conocer más allá de su puesto de trabajo. Fue una experiencia increíble y se debe continuar este desarrollo y esta capacitación de manera permanente. Si quieres generar una transformación y hacer cambios positivos de manera perdurable, entonces tiene que tener continuidad.

El director estaba muy contento por los resultados que estaban logrando y después de unos meses decidió volver a realizar una actividad de *team building* para fomentar la integración y el sentido de pertenencia. Además, se habían integrado a la empresa varios colaboradores nuevos, así que quedaba como anillo al dedo integrarlos a la filosofía de la empresa, para que se alinearan y trabajaran en sintonía.

Es muy bonito ver cómo las empresas, a través de este tipo de servicios, pueden generar una cultura de pertenencia con sus equipos de trabajo, colaboradores y líderes, para formar personas más felices, comprometidas, más productivas y leales a la organización.

He trabajado con este líder durante algún tiempo. Constantemente me contrata para seguir desarrollando las habilidades blandas de su personal y dice que sigue implementando lo que les enseñamos. Además, ahí tiene plasmado los compromisos, porque hicimos una actividad en donde cada uno expresó a qué se comprometía y su nombre. Me dice: "Esto ha sido increíble porque en nuestras juntas, todavía está plasmado lo que hicimos en la actividad contigo".

Las personas siguen recordando a qué se comprometieron. Y es genial porque siguen trabajando en ello todos los días. Te invito a preocuparte por tu gente, para que se sientan parte de la empresa.

Hazlos sentir que son importantes para lograr los objetivos, que no solamente los ves como un número de nómina, sino que te preocupas por ellos, por su nombre, su puesto de trabajo, intereses, estado de ánimo, familia, sueños, por ayudarles a cumplir sus sueños al mismo tiempo que te ayudan a cumplir los sueños de la empresa.

Espero que puedas fomentar esto en tu empresa y seas consciente del papel que tienes como líder que genera un impacto en tu entorno y desarrolla colaboradores felices, comprometidos y productivos con los resultados.

Reto meta SMART:

Líder, en este capítulo te expliqué la metodología de la Meta específica, medible, alcanzable y en un tiempo determinado, para que trabajes por tus sueños teniendo claridad de a dónde quieres llegar.

También, te recomiendo definir, junto con tu equipo, el propósito empresarial y conectarlo con la cultura empresarial (misión, visión y los valores medulares). Define cómo cumplirá tu equipo con el propósito empresarial desde su función… *Esto sirve para recordarles la importancia de su función y de la labor que desempeñan para cumplir con las metas organizacionales.*

¡Adelante, líder! Vas por el camino correcto para convertirte en un Líder Happiness en tu empresa.

DESARROLLO Y MOTIVACIÓN DE EQUIPOS

MOTIVACIÓN Y DESARROLLO DE EQUIPOS

Te platicaré cómo he creado este tercer paso para desarrollar y motivar al equipo de trabajo.

MOTIVAR Y DESARROLLAR A TU EQUIPO DE TRABAJO

Muchas veces, las personas en un puesto gerencial, desarrollan seguidores, quieren gente que les aplauda, que los siga, pero no crean más líderes. Aquí te pregunto: ¿Qué estás reproduciendo tú: seguidores o líderes? Porque no existe el éxito sin un sucesor.

Entonces, es necesario conocer a nuestra gente para saber realmente cuáles son sus habilidades, fortalezas, áreas de oportunidad y situarlos en el puesto correcto, a realizar la actividad correcta. Para ser efectivos necesitamos tener más líderes en nuestro equipo de trabajo. Tenemos que empoderarlos para que sean los mejores haciendo lo que saben hacer y en lo que son buenos.

Recuerda: El propósito involucra aquello que aman hacer, en lo que son buenos, para lo que se les paga. Si tienes la capacidad de conocer a tus colaboradores, llevarás tu empresa a otro nivel. El crecimiento de tu organización está directamente determinado por el potencial de la gente que trabaja para ella. Entonces, debes desarrollar gente.

Cuando interactúas con tu equipo de trabajo, familia y la gente que te rodea, lo que determina el éxito es eso que estás dispuesto a hacer por ellos. Sé que la naturaleza del ser humano es darle a cada quien un trato diferente. Sé que no tratas igual a tu pareja, mamá, papá, hermanos y colaboradores. Pero todos, merecen ser tratados por igual. Todos merecen ser tratados con respeto. Y aquí aplica la regla de oro, es decir, trata a las personas como quieras que te traten a ti. Esta es una regla universal para relacionarte con los demás. A nadie nos gusta que nos ignoren, que se aprovechen de nosotros, que nos lastimen, que nos mientan, sin importar la edad, el género, la profesión, el nivel jerárquico en el que se encuentran.

Toda persona debe ser tratada con respeto. No importa si es la persona de limpieza o el CEO. Debes de aprender a tratar bien a tu gente. Si no logras desarrollar esta habilidad con tu liderazgo, no vas a subir de nivel.

Te compartiré una experiencia. Cuando empecé mi emprendimiento, tuve que contratar gente para un proyecto con 150 personas. Entonces, les dije a los 10 que contraté: "Quiero multiplicarme a través de ustedes. Quiero que cada uno de ustedes pueda hacer lo que yo hago. En este proyecto necesito que lo hagamos así". Y les hice conscientes de sus habilidades. Tú me ayudarás en esta actividad. Tú serás mi mano derecha por tus habilidades de comunicación, así que cuando necesite que alguien más hable, tú lo harás. Tú eres bueno para coordinar, checarás que las personas hagan las actividades correctamente porque te gusta el orden, la coordinación. Tú eres bueno para medir que se cumplan las metas, te pediré por favor que monitorees que todos hagan sus actividades y que estemos en tiempo y forma.

Así lo hice con cada colaborador de mi equipo. Fue fabuloso, pero tuve que dedicar tiempo a conocerlos, descubrir sus habilidades, lo que les gustaba y no les gustaba hacer. Y enseñarles, pero en el sentido de que ellos pudieran hacer las cosas.

Tú eres responsable de que se logren los objetivos de tu empresa. Siempre he dicho esta frase: "El resultado de cualquier empresa radica de la mentalidad de la persona que está a cargo".

Entonces tienes que desarrollar a tu gente. Te contaré el caso de un cliente que me contrató para impartir cursos de liderazgo, porque decía: Miriam, tengo buenos gerentes, saben hacer su trabajo, pero ¿qué crees? No saben desarrollar líderes, no saben ser buenos líderes, no saben comunicarse con su gente.

La gente no los sigue, solo siguen órdenes. Investigamos qué era lo que pasaba y lo primero fue definir que, para cambiar el entorno, primero debíamos trabajar con los líderes. Le dije: Si quieres generar una actividad de integración y trabajo en equipo, primero dame la oportunidad de conocer a las personas que dirigen tus equipos para desarrollarlos y que sean conscientes de la importancia de lo que hacen y dejan de hacer con su gente.

Realicé un taller de liderazgo, donde descubrieron qué tipo de líder eran, sus fortalezas y áreas de oportunidad, en qué podían mejorar de acuerdo a las debilidades de su liderazgo y como personas. Definimos las metas a lograr en sus áreas, con su equipo, sus responsabilidades para tenerlas claras. Analizamos cómo conectaban su propósito con la filosofía empresarial, misión, visión, valores y el propósito de la empresa.

También, nos dimos a la tarea de conocer su radar de motivación, qué les interesa, qué les motiva y cómo la empresa les ayuda a lograr sus objetivos. Practicamos la comunicación para dar una retroalimentación de manera efectiva y positiva, que tenga como resultado la motivación cuando es necesario y además, trabajamos el procedimiento correcto para delegar, conociendo a su gente para asignarles el puesto adecuado, desempeñando la actividad adecuada para aprovechar su talento.

Una vez que realizamos eso, fue importante desarrollar la autoconciencia y les mostramos la importancia que tienen como líderes frente a un grupo de personas.

Lo que tienen que hacer es trabajar desde ahora para convertirse en ese líder que desean ser y hacer que los demás sean mejores como resultado de su presencia, de su liderazgo y de la manera de generar un impacto positivo en la empresa. Una vez que realizamos esta capacitación, trabajamos directamente con ellos para *coachearlos*, evaluar cómo trabajan estos 5 pasos con sus equipos. Los resultados fueron increíbles, lograron detectar qué hacían bien y qué hacían mal, con claridad sobre los errores.

Se acercaron a su gente para conocerlos, para saber dónde colocarlos, para motivarlos, porque una de las tareas de líder es formar y desarrollar a la gente. Esa es la tarea más importante. Yo creo en eso, trato de hacerlo y mi meta es ayudarte a desarrollar a los líderes que te rodean, a través de mis servicios.

Entonces, ¿qué crees que hice? Después de darles el taller de liderazgo, de *coachear* a cada uno, hicimos una actividad de *team building* para fomentar la integración y el trabajo en equipo y para que también ellos conozcan la filosofía. A las personas les cuesta salir de su zona de confort y si estaban trabajando de una forma y de pronto les pides que lo cambien tendrás que darles una pequeña introducción sobre los cambios y los beneficios que obtendrán.

El *team building* tuvo como propósito que se conocieran, generar integración, dar a conocer que todos estamos trabajando y remando en conjunto en la misma dirección para lograr los objetivos empresariales, que no podemos poner obstáculos, al contrario, tenemos que ayudarnos unos a otros para lograr el objetivo y hacer el camino más fácil, porque vamos por la misma ruta para lograr los objetivos empresariales.

El cambio fue increíble. Además, realizamos la actividad del radar de motivación para conocer cómo estaban por áreas. Detectamos que a las personas en el área de ventas no les gustaban las relaciones. ¡Imagínate! En un área donde es tan importante relacionarte con la gente, teníamos a 2 de 5 personas que no les gustaba.

Le dije: Veo que tienen muchas cualidades, pero tal vez al momento de hacer el reclutamiento y selección de personal, recursos humanos no fue consciente, ni detectó que a esta persona no le interesa vender, no le gusta el contacto con la gente, tiene un puntaje muy bajo en cuanto a relacionarse con las personas. Las ventas son relaciones, necesitas conocer a las personas para detectar sus necesidades y cómo puedes cubrir esa necesidad con el servicio o producto que promueves.

Necesitas generar confianza. Si ganas la confianza de tus prospectos o clientes, puedes vender más fácilmente.

Entonces, ¿cómo era posible que tuvieran a 2 personas, casi la mitad del equipo de ventas, que no les gustaban las relaciones? Descubrimos que eran personas que estaban conectadas con la cultura y filosofía empresarial, con los valores, la misión, visión, sin embargo, no estaban en el puesto correcto.

Por lo tanto, se frustraban porque no vendían, pero era porque esa tarea realmente no les gustaba. Al detectarlo en el radar de motivación, logramos que los cambiaran de área. Fue emocionante porque se sintieron más comprometidos, agradecidos con su líder, que detectó lo que les gustaba y les motivaba.

Al hacer crecer a tu gente, también crece tu organización. Por eso es tan importante conocerlos, desarrollarlos, empoderarlos, para que sean los mejores en lo que hacen. Si multiplicas lo que estás haciendo, transmites tu liderazgo y desarrollas más líderes, créeme que harás una gran diferencia con la gente en tu organización. Incluso superarán la meta, porque quieren seguirte, alcanzar los sueños juntos.

Eso logramos en una empresa internacional y fue fantástico detectar este tipo de cosas. Las personas salieron motivadas, agradecidas con su líder, aumentaron y llegaron a los objetivos que les solicitaban. A otra persona la cambiaron al área de administración, porque le gustaba el orden y era meticulosa para realizar los objetivos, así que esta área le acomodaba a la perfección.

A una persona más la reubicamos en el área de calidad y le gustaba mucho. Este colaborador decía: "A mí no me gusta tratar con las personas, a mí me gusta más centrarme en cumplir con los objetivos del cliente". Cuando logras detectar qué le gusta a tu gente, créeme que logras maravillas.

La mayoría no se interesa por su gente, solamente se centra en los números, pero lo que está a tu cargo no son números, son personas. Háblales por su nombre, trátalos con respeto, date cuenta de que son capaces de hacer las cosas.

Respétalos siempre, trátalos como te gustaría que te trataran. Ten una actitud positiva, sé menos egoísta, aprende de ellos porque ves su valor. Y cuando les contribuyes a ellos y les ayudas a lograr sus objetivos, recibes mayores contribuciones de tu equipo de trabajo y promueves una mejor colaboración en equipo, fomentas un buen ambiente laboral y haces que aumente la productividad y el sentido de pertenencia, compromiso y responsabilidad de la gente que trabaja contigo porque son parte de tu equipo.

Todos tenemos que trabajar para lograr los objetivos organizacionales y de esa manera se creará un equipo superpoderoso. Entonces te pregunto, ¿qué aportas con tu liderazgo a la gente que te rodea? ¿Le ayudas a lograr sus objetivos? Liderazgo es asumir tu responsabilidad. Donde otros ven excusas, tú tienes que ver oportunidades y tienes que decirle a la gente cómo llegar a esas metas.

Tienes que confiar en ellos. El liderazgo es inspirar en otros la capacidad de soñar. Contagiar a otros con la visión, con la misión de aportar para crear una organización mucho mejor. Es el deseo de hacerlos sobresalir con su talento. Si lo logras y haces que la gente cumpla sus sueños a través de ti, vas a crecer a nivel personal, profesional y la gente hablará de tu liderazgo.

Asegúrate de no estar en la ley del tope, no le pongas un límite a tu equipo. Al contrario, empújalos, pon las manos, extiéndelas y deja que sean ellos quienes sobresalgan. Deja que ellos sean tus sucesores, que vean lo mejor de sí mismos, así es como se crea una empresa de éxito. Si se presenta un problema, es por falta de líderes. Y si se presentan resultados, buenos resultados, es porque hay buenos líderes en tu organización. No solamente seguidores.

¿Qué te recomiendo? Hacer sentir a tu gente cuánto la valoras. Así lograrás que se comprometan a dar lo mejor de sí mismos para llegar a los objetivos. Si sienten que los valoras por quienes son, por sus cualidades, simplemente por ser personas y les ayudas a resaltar su talento, te lo agradecerán. Haz sentir a tu gente apreciada.

Desarrolla la habilidad de hacer sentir importantes a las personas, hazlos sentirse útiles, productivos, piezas clave del rompecabezas para lograr los objetivos. Respétalas, respetar a otros no cuesta nada, por el contrario, ayuda a que se sientan valorados, respetados, les brinda dignidad, confianza y saben que confías en ellos.

También hazlos sentir comprendidos. Comprender a otra persona significa que te extiendes hacia ellos y los encuentras en el nivel donde están, los entiendes. Cuando te esfuerzas en conocer realmente a las personas de tu equipo, puedes descubrir lo que piensan, por qué actúan como lo hacen, qué les interesa, cuáles son sus principales motivadores y talentos. Podrías estar juzgando a las personas y no saber las situaciones o condiciones que están viviendo, que están fuera de su control y por eso se comportan de esa manera.

Cuando te permites ponerte a su nivel, te acercas. Recuerda que en ocasiones el líder tiene que ponerse a su nivel para escucharlos, entenderlos, ver cómo ayudarlos. Un líder es capaz de guiarlos por el camino correcto, decirles hacia dónde deberían ir.

También puedes empujarlos y ponerte atrás de ellos para empoderarlos y demostrarles que crees en ellos, en sus capacidades y que pueden hacer las cosas incluso sin ti, porque estás desarrollando más líderes. Habrá ocasiones en que necesitarás sentarte a su lado, ponerte a su nivel y escucharlos, comprenderlos, entender por lo que están pasando.

Si quieres ser un buen líder, necesitarás otorgarle valor a las personas que te rodean, tratarlas bien para que tu interacción con ellos sea la adecuada y puedas llevar a tu equipo a otro nivel.

Cuando desarrollas más líderes, empiezas a pensar menos en ti y más en los demás. Aplicas la ley del oro, tratas a los demás con respeto, con aprecio, con comprensión, destacando su talento, su habilidad, su éxito para que logren las metas. Ves a todos como un 10 porque crees y confías en sus acciones y capacidad para hacer las cosas.

Te invito a que realmente te acerques a tu gente, los desarrolles, te intereses por ellos. Te contaré otro caso como ejemplo.

Esta fue una empresa nacional y voy a omitir nombres por respeto, privacidad y confidencialidad. Cuando hicimos el taller de liderazgo con ellos, nos dimos cuenta de que muchos gerentes tenían la ley del tope. No querían compartir sus conocimientos, porque les había costado mucho trabajo llegar a ese nivel o así lo sentían. Sin embargo, cuando hicimos el procedimiento de los 5 pasos, se autoconocieron, se hicieron conscientes de sus habilidades, fortalezas, tipo de liderazgo en ese momento y los pasos a seguir para convertirse en el líder que deseaban ser. Se dieron cuenta de todas las cosas en las que tenían que trabajar. Lo primero sería cómo crear más líderes.

Empezamos por trabajar en eso y logramos que delegaran ciertas actividades, como la asistencia a reuniones que eran meramente informativas y pudieran crear más líderes. Vieron que contaban con personas con habilidades, interés, capacidades de ¿qué más hago? ¿Qué más necesitas? ¿Yo puedo dar más? Desarrollaron a estas personas paulatinamente hasta poderles delegar completamente una actividad. Las personas se sentían autorrealizadas, se sentían supercomprometidas con su líder porque creyó en ellas y también con la empresa porque le dio la oportunidad.

¡Créeme! Cuando te centras en las personas, en lo que puedes aportarles, agradecerán y tu empresa tendrá más éxito, será más productiva y te llevará a otro nivel. Te invito a preguntarte: ¿Qué estoy haciendo por mi equipo de trabajo? ¿Estoy desarrollándolos en su máximo nivel o puedo hacer más?

Recuerda: Crear y desarrollar a la gente es la tarea más importante del liderazgo. Yo lo creo, trato de hacerlo y mi meta es ayudarte a desarrollar a los líderes que tienes al alrededor para llevar a tu empresa a otro nivel.

¿POR QUÉ TE CONVIENE QUE TUS COLABORADORES SEAN FELICES EN EL TRABAJO?

El propósito es tener personas felices, comprometidas, con el enfoque puesto en la dirección que seguimos. Si tienes un buen líder que sabe dirigirlos de manera correcta, tendrás colaboradores comprometidos. Eso se notará porque brindarán al cliente un servicio de excelencia conectado con la cultura empresarial y el propósito.

Tendremos clientes felices y, de esa manera, satisfacción, la fidelidad de nuestros clientes y nos recomendarán con más gente. Te invito a que te acerques a tu gente y les digas qué esperas de ellos, hacia dónde los vas a dirigir para lograr los objetivos y que también les preguntes: ¿cómo puedo, como líder, ayudarte a que logres el objetivo? ¿Qué necesitas de mí? ¿Qué esperas de mí como líder? ¿Cómo puedo ayudarte a cumplir el objetivo?

De esta manera lograremos tener personas comprometidas para convertir tu propósito y metas de la empresa en realidad, dando los pasos correctos, materializando resultados hacia el logro de objetivos, es decir, colaboradores disciplinados, dispuestos a hacer lo necesario, con ganas y disposición para el logro de objetivos, personas enfocadas, centradas en una prioridad máxima para organizar todas las actividades alrededor de esta meta, rechazando distracciones para llegar a los objetivos empresariales.

Serán también personas pacientes conscientes de que el éxito es el resultado del esfuerzo, dedicación, disciplina y paciencia, con autorresponsabilidad para enfocarse en las acciones sin importar los obstáculos, con determinación que genera compromiso para seguir adelante sin importar los obstáculos, firme, persistente y de mejora continua, que continúe aprendiendo y evolucionando en la búsqueda de crecimiento y desarrollo constante de habilidades personales y profesionales dentro de nuestro equipo de trabajo, para ser los mejores en lo que hacemos.

Sobre todo, tendremos un entorno adecuado, estaremos rodeados de personas positivas que influyan significativamente en el resultado y la motivación con nuestro equipo de trabajo. Te invito a conectar a tu equipo de trabajo con la filosofía empresarial.

EL BAILE DEL LIDERAZGO, BASADO EN JOHN MAXWELL

Recuerda que el resultado de una empresa radica en la mentalidad de quien está a cargo. Tendrás claro que como líder, **en ocasiones, estarás arriba** porque necesitas mostrar el camino a tu equipo, guiarlos y enseñarles hacia dónde deben ir. **En ocasiones, estarás al lado de ellos** porque necesitas escucharlos para conocerlos, conocer sus intereses, qué les pasa, por qué se comportan de esa manera, qué esperan de ti como líder. Escucharlos para entender sus inquietudes, intereses y cómo ayudarles. **En ocasiones estarás atrás** para empujarlos, empoderarlos con el fin de desarrollarlos a que crezcan creyendo en ellos, viéndolos como un 10 en todo momento. **Y otras veces estarás abajo**, permitiendo que tus colaboradores crezcan, te sobrepasen, creando más líderes y no poniendo la ley del tope.

Estos pasos, dice John Maxwell, son el baile del liderazgo. Estarás arriba, al lado de ellos, atrás y abajo para crear un equipo de alto rendimiento. Entonces, ¿cuál es el segundo reto? Siéntate con tu equipo de trabajo y preséntales el propósito empresarial, cómo conectar con la cultura empresarial, que es misión, visión, valores, propósito.

Siéntate con ellos para saber qué esperan, sus intereses y motivaciones y cómo ayudarlos a conectar esos intereses a través de la cultura empresarial y el propósito de la empresa, para que ellos, a su vez, te ayuden a lograr los objetivos que tienes como líder dentro de tu área en la empresa. Recordarles la misión, visión, valores y propósito te ayudará a que tengan clara su función dentro de la empresa, que son una pieza clave para lograr el objetivo y cumplir las metas organizacionales. Asimismo, ¿en qué te ayudará esto? A mejorar el rendimiento de tu equipo, hacer que tus colaboradores permanezcan trabajando contentos dentro de su puesto de trabajo durante más tiempo, que recuerden por qué están ahí, tener un mejor ambiente de trabajo, dejar de gastar tanto en rotación y ayudarles a cumplir su propósito, porque sabrán que aquí pueden crecer a nivel personal y profesional y estarán alineados con lo que quieren lograr en su vida a través de la empresa.

No se irán si logras empoderar a tu equipo para lograr los objetivos empresariales. También tienes que centrarte en los deseos de tus colaboradores dentro de la empresa. A ellos les gusta que les llames por su nombre, los hagas sentir especiales, los trates como individuos porque no son un número de nómina, que los respetes en todo momento, no les grites, ni los insultes o maltrates y consigue que ellos sepan hacer bien su trabajo, cuenten con los recursos y herramientas necesarias para desempeñar su trabajo de la mejor manera.

Es importante que te des el tiempo para conocer a tu gente. Para trabajar en equipo, como dice Henry Ford, reunirse en equipo es el principio, mantenerse en equipo es el progreso. Trabajar en equipo asegura el éxito.

Platica con ellos para conocer que impulsan a tus colaboradores dentro de la empresa.

1. Los colaboradores que gustan de satisfacer la curiosidad, que disfrutan tener un montón de cosas para investigar y para pensar.
2. Los colaboradores a los que les gusta sentirse orgullosos de que sus valores se reflejen en el trabajo diario, que se reconozca lo que hacen.
3. Los colaboradores a los que les gusta la libertad, sentirse independientes para realizar su trabajo, sabiendo hacia dónde ir.

4. Los colaboradores a los que les interesa mucho la aceptación de sus colegas, que aprueben lo que hacen y quiénes son.
5. Los colaboradores que se basan en la maestría, porque les gusta que su trabajo desafíe sus competencias y les permita desarrollarse a nivel personal y profesional.
6. Los colaboradores que quieren poder, donde hay suficiente espacio para que su toma de decisiones tenga influencia en lo que sucede a su alrededor. Que consideren que su voto vale y tienen poder o jerarquía dentro de la empresa con personas a su cargo.
7. Los colaboradores a los que les interesa la relación, tener buenos contactos sociales con los de su trabajo y un buen ambiente laboral.
8. Los colaboradores a los que les interesa el orden, que existan suficientes reglas y políticas dentro de la organización para tener un entorno estable donde cada uno sepa qué tienen que hacer.
9. Los colaboradores a los que les gustan los retos y las metas, les motiva que sus objetivos estén alineados con los de la organización, que constantemente los saquen de su zona de confort para cumplir nuevos objetivos, retos y metas. Eso les permite crecer y generar satisfacción personal y profesional, demostrando sus habilidades.
10. Los colaboradores que buscan un estatus donde el rol que ocupan sea reconocido por sus compañeros.

Estos son los 10 motivadores principales con base en lo que los colaboradores buscan. Acércate a tu gente para saber qué busca.

Créeme, no siempre es dinero. A veces son cosas más importantes. El espectro es muy amplio, y entre otras cosas puedo mencionar que quieren crecer, tener poder, tener jerarquía, trabajar de manera independiente, tener horarios flexibles, trabajar en modo remoto o *home office*, trabajar por objetivos, tener un sueldo competitivo, ganar bonos de productividad, tener retos que los ayuden a crecer a nivel personal, profesional y mentalmente, capacitación pagada y constante, alcanzar maestría, desarrollo personal y profesional, tener un plan de desarrollo, un ambiente saludable con buenas relaciones. Acércate a tu gente y descubre qué puedes ofrecerles para motivarlos mejor.

Puedes alinear a tu equipo de trabajo hacia el logro de objetivos. Puedes delegar de manera correcta y dar una retroalimentación efectiva. Porque, como dice el doctor Ivan Misner, no puedes motivar a las personas, solo puedes inspirarlas a que se motiven ellos mismos.

Tu responsabilidad como líder es generar un entorno donde las personas se sientan felices para trabajar. La motivación es intrínseca. Algo que quiero que tengas muy presente es que la primera preocupación de toda empresa debería ser la felicidad de las personas que colaboran en ella.

Si la gente no se siente feliz, el rendimiento será deficiente y la organización no merecerá existir. ¿Cuántas empresas no han desaparecido porque se centran en sí mismas y no buscan el bienestar de su gente? Preocúpate por ellos para que las personas quieran trabajar dentro de tu organización, ayudarte a lograr los objetivos y seguirte e incluso atraigan a más personas valiosas a tu empresa y lograrás tener una empresa exitosa.

Ahora sí, vamos al tercer reto. Dedica unos minutos para conocer a tu gente con el fin de saber qué motiva a tus colaboradores y cómo alinear estos motivadores e intereses con las metas empresariales. Recuerda que liderar no es empujar ni mandarlos, sino inspirar para que ellos por voluntad decidan hacer las cosas y ayudarte a lograr los objetivos. Una vez que tengas claro hacia dónde ir, llevarás a tu empresa a otro nivel.

Cierro este capítulo con la siguiente frase. "El trabajo de líder es diseñar y ejecutar los sistemas que apoyan a la compañía al logro de su propósito". Dave Grape, de la Empresa Conectada.

RETO: DESARROLLO Y MOTIVACIÓN DE EQUIPOS

Dedica unos minutos a conocer a tu equipo a través del radar de motivación de tu equipo, con el fin de saber: ¿Qué motiva a tu gente? Y ¿cómo alinear los motivadores personales de tus colaboradores con las metas empresariales, para mantenerlos motivados? Recuerda: Liderar no es empujar ni mandar, sino inspirar para hacer que las personas quieran realizar las cosas. ¡Adelante líder, vas por el camino correcto para convertirte en un Líder Happiness en tu empresa!

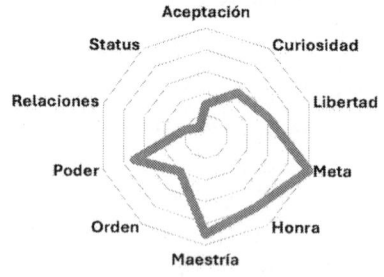

RADAR DE MOTIVACIÓN

LAS MÁS IMPORTANTES:
1. Meta
2. Maestría
3. Honra
Le gustan los retos, aprender y el desarrollo personal y profesional

LA MENOS IMPORTANTE:
Status
No es importante para él que ser reconocido por sus compañeros.

CUATRO
RETROALIMENTACIÓN
POSITIVA

Un dato estadístico señala que el 37 % de los gerentes se sienten incómodos dando retroalimentación directa a sus empleados. Esto se debe a que se tiene un concepto equivocado, no se trata de que el líder y el subordinado se suban al ring, se pongan los guantes y peleen sobre una situación, dando cada uno sus mejores golpes al otro a través de argumentos.

Es importante que no esperes a la evaluación de desempeño para dar una retroalimentación, porque el trabajo es como un maratón. Si tú, como líder, no haces un chequeo cada cierto tiempo, no sabrás dónde estás y qué tan lejos o cerca está la meta que quieres alcanzar. Te recomiendo hacer una retroalimentación cada trimestre.

La retroalimentación es un proceso de comunicación estratégica que construye relaciones mutuamente benéficas entre el líder y sus subordinados. Es una señal de respeto hacia la persona con la que estás hablando, porque buscas una relación ganar-ganar. Sin embargo, la mayoría de las organizaciones no hacen una retroalimentación adecuada.

La retroalimentación no es uno contra otro, sino que el líder, de manera amorosa, deberá buscar la forma de servir a su gente, ayudarle a ser mejor, como si fuera su hijo o hija. Ves que está haciendo algo incorrecto, fuera de las políticas de la empresa y requieres hablar con esa persona.

Podría ser algo como: "Oye, está sucediendo esto y te está perjudicando, no solo eso, también me perjudica a mí y a la organización. Entonces, quiero decirte de qué manera puedes mejorar. No solamente en esta organización. Si te vas a otra empresa, te seguirá perjudicando. Quiero que seas mejor".

Te comparto 5 razones para dar un buen *feedback*:

1. Ayuda a mantener al equipo sobre la marcha, alineado con los objetivos empresariales. La retroalimentación contribuye a sembrar un sentido de propósito y pertenencia del equipo. Aumenta la motivación, la felicidad y el compromiso de los colaboradores.
2. Disminuye el estrés y desbloquea el cambio y la innovación. La retroalimentación evita que los equipos se atasquen o se desanimen. Además, es el alimento de los líderes porque ayuda a tener claros los objetivos.
3. Ayuda a descubrir fortalezas y áreas de oportunidad. Ver hacia el futuro, la dirección a seguir, centrándose en lo positivo que se puede mejorar y los recursos que se tienen para llegar a esas metas.
4. La retroalimentación siempre se centra en el comportamiento. No se centra ni en la identidad, ni en la capacidad de la persona. Eso es algo clave que debes que tener en cuenta.
5. No habrá ningún cambio ni mejoría importante sin retroalimentación. Entonces, si quieres cargar

combustible en tu equipo de trabajo, llénales el tanque. ¿Y cómo puedes hacerlo? De manera positiva, diciéndoles cómo pueden mejorar.

6. Generando compromisos con ellos, haciéndoles una oferta. ¿Qué quieres que hagan por ti? Si conoces sus intereses, podrás decir, por ejemplo: "Juan, sé que te interesan los retos, las metas, entonces tengo un nuevo reto para ti. ¿Te gustaría realizar este proyecto? ¿Te ayudará a crecer a nivel personal y profesional? Es una oportunidad de crecimiento y de plan de carrera dentro de la empresa y es nueva.

Además, logras generar compromisos con ellos, haciéndoles una oferta.

EJEMPLO DE CLIENTE

Quiero compartir contigo una experiencia sobre la retroalimentación de manera efectiva, siguiendo algunos de los métodos que te recomendé.

Yo sigo los 5 pasos, donde describo la situación en cuestión, defino las consecuencias y cómo me hace sentir esa situación. Hago un alto para escuchar a la otra persona, porque me permite conectar más con él, comprenderlo y entender sus necesidades. Además de hacer que la persona se sienta comprendida, escuchada, porque le presto mi total atención. Y al final, podemos llegar a acuerdos. Esto lo he implementado tanto en mi vida personal como profesional y empresarial.

Te confieso que al inicio no tenía este tipo de retroalimentación, por lo cual me costaba más trabajo llegar a acuerdos. Es muy importante la comunicación asertiva y la escucha activa. Esta es una de las habilidades más importantes que podemos tener, porque escuchar bien a la otra persona tiene una enorme influencia en nuestras relaciones, capacidad de tener éxito. Requiere dejar a un lado todas las distracciones internas y externas para poder escuchar sin juzgar, sin interrumpir. Para poder escuchar a este nivel, tenemos que ser capaces de involucrarnos emocional y mentalmente en la conversación.

Esto significa que estamos completamente comprometidos y presentes en lo que nos dice la otra persona. Debemos dejar a un lado lo que estamos haciendo, hacer contacto visual y prestar atención a sus palabras. Esto puede parecer fácil, pero la mayoría de nosotros no escuchamos realmente a este nivel. Muchas veces solo estamos oyendo para contestar, no estamos prestando verdadera atención. Crecemos cuando escuchamos, porque aprendemos. Recuerda: Como líderes tenemos que ser buenos oyentes, para que nuestros subordinados sepan que valoramos su mensaje, que son importantes para nosotros, que estamos dispuestos a absorber su conocimiento y sabiduría al transmitirnos información y finalmente, que estamos entendiendo sus necesidades para darles respuesta.

Y nosotros también vamos a comunicarnos de manera asertiva para poder llegar a un entendido. ¿Qué tenemos que hacer como líderes? Antes de retomar estos 5 pasos y platicarte mis experiencias, tanto a nivel personal como profesional, te invito a que, al dar la retroalimentación, sigas estos pasos.

CONSEJOS PARA ESCUCHAR ACTIVAMENTE EN LA RETROALIMENTACIÓN Y FORTALECER TUS RELACIONES

Primeramente, ten la mente abierta para escuchar y

considerar todo lo que te digan. No importa que piensen diferente.

1. Escucha con atención y abiertamente lo que te transmiten, deja de hacer lo que estás haciendo, haz contacto visual y participa plenamente, entrega toda tu atención. Deja a un lado el correo electrónico, el celular, las llamadas telefónicas y otras distracciones potenciales. Sé que tienes muchas preocupaciones, pero harás sentir importante a tu gente, escucha objetivamente. Cuando abordas la conversación sin prejuicios, creas la confianza necesaria para establecer una comunicación abierta y honesta. Haz preguntas, asegúrate de comprender el significado real de lo que te está diciendo la otra persona, la que tienes frente a ti, o de manera digital, a través del teléfono, de la computadora, del celular.

2. Evita malentendidos haciendo preguntas de seguimiento. Parafrasea para que la otra persona sepa que le estás entendiendo. Es decir, algo así como: ¿estoy entendiendo bien…? ¿Me estás diciendo que con base en esta solicitud vamos a …? ¿Tus necesidades son de integración y trabajo en equipo? Entonces, te gustaría hacer una actividad de integración como *team building* para ____ número de personas con una duración de ____ y con este tipo de actividades. ¿Estoy entendiendo bien?

3. Parafrasea es muy funcional, tanto para ti como para la otra persona, porque te permite hacer entender al otro que están en la misma sintonía. O si no, puedes hacer un resumen con las ideas principales de la otra persona para mostrar que estás escuchando y asegurarte de que realmente comprendes su punto de vista.

4. Evita la tentación de estar pensando en lo que dirás después. En lugar de eso, presta atención a todo lo que te dicen antes de formular tu respuesta.

5. Céntrate totalmente en lo que te dicen, deja de pensar en otras cosas, incluso en tu respuesta. De esa manera fortalecerás la relación, porque al valorar lo que dicen los demás, demuestras que los valoras tanto a ellos como a su punto de vista, lo que genera confianza, lealtad y respeto de manera compartida. También te permite resolver problemas de manera más fácil, evitar que las personas se sobreexploten con frecuencia. Puedes suavizar la conversación al escuchar activamente porque podrás detectar los intereses y necesidades del otro.

También te ayuda a crecer y aprender porque puedes aprender mucho de los demás; puedes ganar influencia sobre las personas porque saben que son importantes para ti y te interesas por lo que tienen que decirte, lo que piensan, lo que sienten. De tal manera que creas un ambiente positivo, una buena armonía, evitas los conflictos y los malentendidos.

Como ejemplo de la importancia de la retroalimentación dentro de tu equipo de trabajo y su implementación también en tu vida personal, te compartiré 2 experiencias tanto a nivel personal como profesional.

A nivel personal, te confieso que, me ha permitido tanto fortalecer relaciones de amistad y de pareja, así como también llegar a buenos acuerdos con las personas a mi cargo y mis iguales en el nivel empresarial.

Utilicé este tipo de conversación con un exnovio. A pesar de ya no perseguir los mismos propósitos personales, tener caminos diferentes y decidir de terminar en beneficio de los dos, esta conversación me permitió que este proceso fuera cordial. ¿Qué pasó con esto? Actualmente, es un gran amigo. ¿Por qué? Porque puede hablar con él y decirle: "Mi intención, o sea, lo que yo quiero es estar con alguien que quiera casarse y formar una familia conmigo, sin embargo, veo que tú no estás en la misma sintonía. A pesar de que tenemos la misma edad, veo que todavía no quieres formalizar las cosas, no veo planes a futuro para casarnos. Sinceramente, creo que no estamos en la misma sintonía. Lo que yo quiero no es lo mismo que tú quieres en este momento. Creo que cada uno debe seguir su camino de vida y lograr lo que se propone. Nos desviamos, ya no queremos lo mismo en este momento".

Con este exnovio, vimos la situación y las consecuencias. En mi caso, a pesar de tener una buena relación, seguir con él sería perder más tiempo, por decirlo de algún modo, porque nunca se pierde el tiempo, siempre se aprende. Pero no me daría la oportunidad de conocer a alguien más con los mismos objetivos y propósitos que yo. Podría seguir así mucho tiempo. Sin embargo, las consecuencias eran que, mientras más tiempo me quedara con él, más tiempo me tardaría en conocer a la persona alineada a mi propósito. Lo platicamos con sus consecuencias, cómo me hacía sentir a mí, y pude expresarme. Él me compartió cómo se sentía, para él nunca ha sido una pérdida de tiempo, lo cual lo agradezco infinitamente. Y me dijo cómo se sentía, o sea, él estaba dispuesto a continuar.

Sin embargo, decidimos llegar a acuerdos. Le dije: Creo que es lo mejor para los dos, porque, ¿hacia dónde vamos? Entonces, ¿qué solución le damos? ¿Qué podemos hacer para que no vuelva a pasar? Simplemente, estar con personas alineadas con nuestros mismos objetivos. Eso fue superincreíble. Llegamos a las consecuencias y logramos acuerdos. Hasta la fecha, como nos llevamos bien, somos grandes amigos.

Muchas veces tenemos miedo de estas conversaciones en la vida personal y profesional, ya sea con la pareja, alguna amistad, algún familiar o en el trabajo. Si no hubiera tenido esta conversación, probablemente seguiría con ese novio, es lo más seguro.

Sin embargo, había cosas que no me gustaban y te aseguro que también a él. Si no tenemos esta conversación de manera constante, pues no vamos a fortalecer la relación. Creo que todas las relaciones se fortalecen a través de la retroalimentación positiva, siempre buscando el bienestar mutuo. Es superbonito y recomendable.

Te platico otro caso con un cliente, porque también a veces nos da miedo, ¿no? Cuando tenemos que decir cosas como "me estás pidiendo de más".

Al tener esta retroalimentación, podemos hablar con las personas y decirles: No vamos por el mismo camino. ¿Qué podemos hacer al respecto?

Estaba con este cliente, pero ella quería una cosa y yo otra. Cada quien tenía su punto de vista y expectativa del trabajo en conjunto. Llegamos a un punto donde no se cumplía lo que ella quería ni lo que yo quería. Estábamos a la mitad, pero no avanzábamos. ¿Qué pasó? Hablé con ella y le dije: Oye amiga, ¿me puedes recibir una llamada?

Durante la llamada estuvimos platicando.

—ok, mira, siento que no estamos yendo hacia el objetivo que queremos en este proyecto. Y entonces, me gustaría saber… la situación es esta, o sea, tenemos este proyecto en común. Habíamos quedado de hacerlo así y así y así. Por situaciones ajenas a las dos, ha pasado de esta manera y cambiaron los planes tanto para ti como para mí. He notado que eso afectó en esto, esto y esto… y también tu comportamiento, así y así y así. Yo no me sentí bien con eso, porque a mí me hace sentir de esta manera.

Y la otra persona también externa su sentir. Escuchar y saber qué espera el uno del otro te abre el panorama. A veces juzgamos y creemos que por nuestro punto de vista, experiencia, cultura, forma de pensar, experiencias pasadas, las vivencias que hemos tenido y la forma en que actúa la persona, nos lo tomamos personal.

Ese es un gran error y sería mejor que lo elimines. O sea, las personas hacen cosas. Nosotros decidimos si eso nos afecta o no. No tomes nada personal en este mundo. Haz el bien, que todo recibe su recompensa. Habla con las personas cuando no te guste algo. Compártelo, dile: "Oye, no me está gustando esta situación, me siento así. Quiero escuchar cómo te sientes. ¿Y qué esperas de mí? Ok, yo ya te dije qué esperaba de ti. Creo que no vamos por el mismo camino. ¿Qué podemos hacer? Y ya toman una decisión y siguen trabajando en conjunto.

Con la retroalimentación hasta la relación se fortalece. He logrado que mis líderes den retroalimentación positiva, porque antes solo se centraban en lo que estaba pasando y las consecuencias, por lo tanto, en el regaño y en exhibirlos. Se recomienda que estas conversaciones sean en privado.

Céntrate en la situación, no en la persona, de lo contrario parece personal. ¿Qué pasa ante esa situación? Ya que lo saben, hablan de las consecuencias de la conducta, como se sienten ambas partes y qué se puede hacer para mejorar la conducta o evento en conjunto.

Hay que abrazarnos, darnos la mano para ayudarnos el uno al otro y lograr una solución en conjunto. He tenido líderes que dicen: "Wow, a este colaborador realmente no le gustaba la forma en que le decía las cosas. Ya que utilicé esta retroalimentación de 5 pasos —cabe mencionar que puedes utilizar cualquiera de las que te recomendé—, le generó confianza al colaborador y lo vi salir más motivado de las reuniones. Continuaré la retroalimentación con él.

Ahora, el colaborador lo busca porque quiere conocer su punto de vista respecto a lo que hace y platican y se siente más motivado y tiene un plan de acción para llegar a los resultados esperados.

Este caso se presentó en una empresa internacional. El líder me llegó a decir: "Lo implemento, no solamente con mis colaboradores, sino también con mi familia y vieras cómo ha mejorado la relación". De eso se trata, de mejorar las relaciones.

Tengo otro cliente con una empresa más pequeña, con aproximadamente 15 o 20 colaboradores. Él platica que prácticamente era el "todólogo" y tenía muchísimas responsabilidades, logró que su gerente de sucursal diera este tipo de retroalimentación y se centraron en temas de ventas.

Me dijo: "Cuando no se logran las ventas, nos estresamos, nos enojamos y reclamamos a los colaboradores. Pero, ¿qué crees? Cambió nuestra forma de comunicarnos con ellos y yo, en particular, como director general, logré que la gente se sienta más comprometida, que llegaran a los resultados. Hablándoles de esta manera, siguiendo estos 5 pasos. Fue mágico porque se fortalecieron las relaciones, al ganar el respeto, confianza, influencia y lealtad de los colaboradores.

Te invito a implementar esta retroalimentación y ser mejor con tu equipo de trabajo, para que te lleves mejor con tu familia, con tu pareja y con quien lo necesites. Sigue estos consejos y se mejor en tu trabajo para llegar a los resultados esperados y desarrollarás habilidades. ¿Cómo ves? ¿Aceptas? Si yo conozco bien a mi gente, podré hacer ofertas y peticiones poderosas que posiblemente acepte mi colaborador de acuerdo con sus intereses, porque estoy buscando ganar-ganar. ¿Cómo dar una retroalimentación correcta? Bien, primero conozcamos algunos métodos.

MÉTODOS EFICACES DE RETROALIMENTACIÓN POSITIVA Y ASERTIVA

Método de los 5 pasos:

1. Describir el contexto.

—¿Qué está pasando? Juan, llegaste a las 9:10 de la mañana. Cuando tu hora de entrada es a las 9:00, esto ocurrió el lunes y miércoles.

2. Hacer una lista de observaciones. Ejemplo: No es la primera vez que pasa. Van dos días en la semana que mi colaborador llega tarde. Pero no le digo: Juan, eres un impuntual, no eres comprometido. Ni afirmo: no puedes llegar temprano. Eso sería emitir un juicio, tampoco es cuestión de la identidad de la persona, es decir, no importa si lo hace Juan, Pedro o María. El hecho de que lleguen horas después o tiempo después de la hora de entrada es inadecuado y nos afecta, sobre todo, si es una posición importante.

Supongamos que Juan está en el área de almacenamiento y necesito que llegue a las 9:00 en punto porque los colaboradores del área de calidad o del almacén le entregarán producto para el cliente. Por lo que es importante la hora de entrada.

3. Decir las consecuencias de ese comportamiento, que es lo que acabo de indicar hace un momento. ¿Qué provoca ese comportamiento?, ¿Cómo nos afecta ese comportamiento al logro de las Metas SMART?, ¿Cómo me siento ante esa situación? Y sobre todo parar y escuchar.

4. Escuchar es tener acceso a la información de la otra persona. Entonces, hago un alto y escucho para saber cómo se siente ante esto.

5. Llegar a acuerdos. Al final se recomienda llegar a acuerdos. Puedes hacer una pregunta abierta para invitarlo a llegar a una solución: ¿Qué podemos hacer para que no se repita? ¿Qué harías tu si estuvieras en esta situación? O ¿A qué te comprometes para que no vuelva a ocurrir? Y lo documentas (opcional).

Hay otro método que agrega un paso más:

Podemos mantener estos pasos, pero agregamos algo antes. Juan, ¿me permites 5 o 10 minutos para hablar contigo acerca de tu horario de entrada? Y la persona decidirá, ya que puede decirme sí o no. Pero cuando dice que sí, ya está dispuesto a hablar conmigo.

Me abre el panorama cuando la persona está dispuesta a hablar conmigo y hace más armonioso el proceso de comunicación estratégica que denominamos retroalimentación, de tal manera que podamos llegar a un acuerdo y generemos compromisos mutuos.

El método del sándwich o el que más recomiendo. Te repito que en la retroalimentación hay que platicar en privado.

Enfócate en algo positivo que sea real y dilo al inicio. Luego te enfocas en el comportamiento que se está haciendo de manera inadecuada, pero en el comportamiento, no en la persona. Haz preguntas que le den responsabilidad y termina con algo positivo.

Ejemplo retroalimentación "para mejorar un comportamiento"

Por ejemplo: Juan, veo que llegaste después de las 9 de la mañana, que es tu hora de entrada. ¿Qué pasó? No sabía de esa situación. ¿Me pudieras decir qué hacer para que no vuelva a pasar? Veo que eres una persona muy comprometida.

Normalmente, llegas temprano y avisas cuando no puedes llegar a tiempo. Lamentablemente, debido a que llegaste después de la hora de entrada, no pudimos entregar nuestro producto al cliente en tiempo y forma. ¿Qué podemos hacer para que no vuelva a ocurrir?

Ejemplo de retroalimentación positiva "por tu buen trabajo"

"Quiero agradecerte por tu compromiso, por tu disposición. Sé que eres una persona muy comprometida. Te agradezco todo tu apoyo y aquí estoy para servirte en lo que necesites. Entonces, confío en que esto no volverá a pasar".

"Confío o creo en que vas a entregar en tiempo y forma los productos al cliente". Termina con algo positivo que motive al colaborador. "Sé que eres una persona muy comprometida y sé que vamos a cumplir con esta entrega al cliente".

"Felicidades y gracias por tu compromiso". Una vez que terminas con algo positivo, puedes documentarlo y firmar a qué se compromete cada uno. ¿A qué te comprometes como líder y a qué se compromete él como colaborador?

Es importante una retroalimentación en que la persona se sienta motivada, salga agradecida y sepa qué es lo que esperas de él o ella de ahí en adelante. ¿Qué consejos te doy? Muestra agradecimiento a tus colaboradores por brindarte ese espacio para la conversación. Busca mejorar sus niveles de autoestima para que tengan claro que crees en ellos.

Eso los mantendrá motivados a seguir cumpliendo con sus funciones. Da incentivos para que sigan inspirados a cumplir sus funciones de manera adecuada. Potencia las cualidades del colaborador que contribuyen a la misión, visión y propósito de la organización. Promueve el mutuo conocimiento y la convivencia entre el personal y reconoce de manera pública el buen trabajo que hacen. Y motívalos a cumplir sus metas.

Esas son mis recomendaciones. Veamos el cuarto reto. Agenda una retroalimentación con tus colaboradores.

RETO DE RETROALIMENTACIÓN POSITIVA:

No esperes a que sea fin de año o la evaluación de desempeño para hacer la retroalimentación. Te recomiendo pedirle 5 o 10 minutos a tus colaboradores para platicar sobre las metas del año.

Por ejemplo: Hola, (nombre del colaborador) ¿Cómo estás? ¿Me regalas 5 minutos para platicar acerca de las metas que tenemos pensadas para ti en este año? Espera a que acepte y utiliza el método de retroalimentación que consideres adecuado para ti y para la situación. Recuerda brindarles apoyo, preguntarles: ¿Cómo puedo ayudarte a lograr este objetivo?

Busca generar compromiso para llegar a acuerdos con el plan de acción. Asimismo, brinda retroalimentación para reconocer el buen trabajo. Y también tú, como líder, puedes recibir retroalimentación de tus subordinados para hacerte consciente de qué puedes hacer para mejorar tu liderazgo.

¡Adelante, líder! Vas por el camino correcto para convertirte en un Líder Happiness en tu empresa.

CINCO
QUÉ ES DELEGAR EFECTIVAMENTE Y TRANSFORMAR EL LIDERAZGO

Según Robert Key Greenleaf, el liderazgo de servicio comienza con el deseo natural de querer ayudar como primer lugar; luego, por elección consciente, de buscar liderar. Los verdaderos líderes están al servicio de los demás, entonces, tienes que aprender a delegar e inspirar a tu equipo de trabajo a ser mejor. ¡Delega! Si no lo haces acabarás siendo tú quien haga las cosas y desperdiciando las capacidades de tus empleados. ¿Pero qué es delegar? Delegar nos cuesta porque viene de una palabra poderosa que es ceder.

Delegar es ceder a una persona, un poder, función o responsabilidad para que los ejerza en tu lugar. Delegar es la forma más efectiva para hacer crecer tu empresa.

La delegación es fundamental en cualquier empresa porque, recuerda que eres líder de tu vida y si quieres multiplicarte, necesitas más personas que se sumen a tu propósito. Si quieres hacer un trabajo realmente importante y también, en ocasiones difícil, necesitas más gente, más manos, trabajar con personas capacitadas que te ayuden a lograrlo.

¿Qué pasaría si ayudas a los miembros de tu equipo lograr los objetivos, a que se sumen a tu propósito? Sé que no es fácil encontrar a las personas adecuadas, pedirles que se unan a ti y prepararlas para que tengan éxito en lo que tú quieres, pero tenemos que aprender a multiplicarnos.

John Maxwell sostiene que cuando enseñas a otros a hacer lo que haces y los capacitas para enseñar a otros a hacer lo mismo, se multiplican los resultados y la eficacia de todos. Piensa en qué valor aportas a las personas que tienes a tu alrededor, de qué manera les ayudas a que, con su esfuerzo, recursos y habilidades, puedas desempeñar tu trabajo para crear más líderes.

La multiplicación aplica en todo, aplica para enseñar los valores a tu familia, para capacitar a los trabajadores en tu empresa, para desarrollar líderes con el fin de poner en marcha tu iniciativa, también aplica para marcar la diferencia en la vida de los demás, aportándoles valor para que lo repliquen y sean la cadenita de hoy, en donde hiciste algo bueno y generas una actitud de disposición para quienes quieran compartirlo con el mundo y llegar a más personas.

La multiplicación es muy poderosa porque al compartir con otros tus conocimientos, habilidades, experiencias tanto buenas como malas que cambiaron tu vida, que te hicieron ser quien eres, estás enseñándoles porque nadie nace sabiendo. Cuando un líder le enseña a su aprendiz a liderar y negociar bien, cambia la vida del aprendiz y mejora la de quienes trabajan con él.

Cuando la vida de una persona cambia, es importante lo que transmite a los demás, el mensaje que les deja, las buenas actitudes, los conocimientos y habilidades, porque todos podemos mejorar y sembrar algo en la vida de otras personas y ayudarles a florecer, a ser mejores. ¡Créeme! Vas a obtener grandes beneficios al delegar. Obtendrás la ayuda de otras personas que te facilitarán el trabajo. Agregarás valor a otros al enseñarles nuevas habilidades y aumentar sus destrezas.

Ofrecerás a las personas oportunidades que no tenían o que, tal vez, no podrían obtener de manera fácil por cuenta propia. Desarrollarás un mejor y más eficaz equipo. Aumentarás tu influencia y capacidad para generar cambios.

Te pido que identifiques cómo puedes agregar valor a otras vidas, es decir, qué habilidades, experiencias o conocimientos tienes que puedes compartir con los demás para ayudarles a mejorar su vida. Invita a alguien a trabajar junto a ti. Encuentra a alguien que quiera mejorar su vida y que se pueda beneficiar de tu experiencia.

Invita a esa persona a aprender de ti.

MÉTODOS PARA DELEGAR EFECTIVAMENTE.

Método de los 5 pasos para delegar.

Utiliza el proceso de los 5 pasos para capacitarla u otra metodología que quieras.

1. Yo lo hago: Primero tú haces las cosas. Si quieres delegar, comienza por aprender a hacer bien tu trabajo. No puedes llevar a alguien con eficacia a un lugar en el que nunca has estado. Debes ser competente en una tarea, en una actividad o función para que puedas capacitar a alguien más para realizarla.

Imagina que es una persona de nuevo ingreso, al inicio tú debes guiarlo, debes mostrarle qué hacer, cómo se hace, que es lo correcto y que no se debe hacer, es decir, el nuevo integrante te observa todo el tiempo y tú debes ser su guía para indicarle cómo hacer el trabajo correctamente.

2. Yo lo guío: Tú lo haces mientras yo estoy contigo. La manera más rápida y efectiva de ayudar a otras personas a aprender es haciéndolo tú primero, mostrándole cómo se hacen las cosas. A través de esa demostración, le enseñas la forma en la que haces esa actividad, función o responsabilidad. Si te dedicas a preparar a otra persona y multiplicar tus esfuerzos, siempre debes llevar a alguien contigo, que aprenda trabajando a tu lado.

3. Yo monitoreo: El tercer paso es estar con la persona mientras lo hace. Tan pronto como comprenda cómo hacer la tarea o la actividad, tu aprendiz deberá realizarla en tu lugar. Para este punto, te conviertes en *coach* y observas que la persona haga correctamente su tarea.

4. Yo motivo: En el cuarto paso, tú lo haces, es decir, ya confías en la persona, la dejas hacerlo. Le estás brindando la confianza para que pueda hacerlo sin ti y solamente monitoreas cada cierto tiempo que las cosas se hayan realizado de manera correcta.

Cuando las personas que estás capacitando pueden hacer el trabajo sin instrucciones, pídeles que las hagan porque ya dominan la función y la actividad. Incluso si no lo realizan tan bien como tú, no te desesperes... Empodéralos, cree en ellos, confía y velos como un 10 para que tengan éxito sin ti, motívalos, apláudeles el avance que han tenido y muéstrales que confías en ellos para llevar a cabo su trabajo, uno que ya pueden hacerlo sin ti.

Si tienen alguna duda en el proceso, dales la confianza para que se acerquen contigo a resolverla.

5. Yo creo más líderes: En el quinto paso, Tú lo haces y hay alguien más contigo. Para este momento, ya desarrollaste a alguien capaz de desarrollar a alguien más. Después de completar estos pasos, puede que creas que has terminado. Pero, en el último paso, es donde realmente comienza la multiplicación, así que le pedirás a la persona que acabas de capacitar que traiga a alguien como su aprendiz para que lo capacite.

El proceso de multiplicación nunca termina cuando cada persona que aprende enseña a alguien nuevo. Entonces, ¿por qué es tan importante que sepas delegar? Compartir con otros las experiencias, conocimientos y habilidades que cambiaron tu vida para mejorarla y lograr los objetivos de la empresa o en tu vida personal y profesional, lo que te ha llevado a ser quien eres actualmente, te ayuda a liderar mejor, a influir en las personas, negociar mejor, cambiar la vida de tus aprendices, mejorar tus equipos de trabajo.

Cuando la vida de una persona cambia a través de tu enseñanza, vienen grandes recompensas para ti, desarrolla un equipo que sea mejor y más eficaz. Aumenta tu influencia y tu capacidad para generar cambios positivos al seguir estos pasos y siempre anima a las personas a que desarrollen a más personas.

Te comparto algunos ejemplos de los dos métodos para delegar. Puedes elegir el que consideres más adecuado.

Veamos algunos métodos para delegar efectivamente y empoderar a tu equipo.

¿CÓMO APLICAR EL MÉTODO DE LOS 5 PASOS?

Supongamos que se trata de alguien de nuevo ingreso, por lo que se vuelve tu sombra.

¿Qué haces? Le muestras qué actividades se tienen que hacer.

Después, la persona detrás de ti observa todo. En el siguiente paso, tú guías.

Podría ser algo como:

—Ven, vamos a hacer el reporte. Se hace en Word. Esto es lo que tengo que representar, lo convierto en tablas, lo mando a una presentación. Eso es lo que tengo que hacer.

Guías a la persona, poco a poco le asignas actividades. —Ok, ya viste lo que tengo que hacer. Ahora hazlo tú. Yo te veo y te guío.

En el tercer paso monitoreas. —Muy bien. Ya supiste hacer el reporte. Entonces, yo lo hago en mi computadora y tú en la tuya. Yo hago otra función. Tú lo vas haciendo y voy monitoreando. Si esta actividad te toma una hora, yo estaré revisando cuando hayas terminado. Yo monitoreo tu avance.

El cuarto punto es. —Tú lo sabes desempeñar de manera correcta. Entonces lo motivo, creo en él. Le veo como un 10, que puede desempeñar esa función. Si tiene alguna duda y si se acerca conmigo, resuelvo, pero le motivo.

En el quinto paso, creo más líderes, hasta que esta persona es capaz de liderar a otras personas. Yo utilizo este método de 5 pasos y me encanta. Ahora veamos otro método de delegación

MÉTODO "LOS 7 NIVELES DE DELEGACIÓN"

Esta filosofía funciona en ambas direcciones y es conocida por ese nombre.

- Primer punto: **Decido**. El gerente toma una decisión por el equipo, no lo involucra y solo les informa.

- Segundo punto: **Vender**. Se intenta venderles la idea. El líder toma una decisión y trata de convencer al equipo de que fue lo correcto.
- Tercer nivel: **Consultar**. Se hace una consulta y luego se toma una decisión. Es como un líder democrático. El gerente consulta al equipo y luego toma la decisión.
- Cuarto nivel: **Acordar**. Se llega a acuerdos juntos. Discuten todos los involucrados y deciden en consenso.
- Quinto nivel: **Aconsejar**. Se les aconseja, pero ellos deciden. El líder ofrece su opinión antes de que el equipo tome la decisión, pero al final ellos deciden.
- Sexto nivel: **Preguntar**. Se deja decidir al equipo y luego se les pide que convenzan al líder de su sabia decisión.
- Séptimo nivel: **Delegar**. Se delega completamente. Este nivel es difícil debido a que el líder deja la decisión al equipo o a una persona asignada y no pregunta detalles. (En este momento, el responsable de la función o actividad ya es otra persona ¡Felicidades, aprendiste a delegar)

Estos son dos métodos, pero te daré los pasos para delegar con efectividad.

LOS PASOS PARA DELEGAR CON EFECTIVIDAD

Primero, asigna prioridades. Cuando te enfrentas a una gran cantidad de tareas, debes determinar un orden para realizarlas. ¿Qué es lo urgente e importante? Para asignar prioridades y definir la primera actividad a realizar y la fecha límite para terminarla.

Segundo, decide cuáles se deben delegar. Existen asuntos que pueden y deben delegarse, como, por ejemplo, trabajos de rutina, decisiones menores que se toman con frecuencia, trabajos que requieren mucho tiempo, y por supuesto, aquellos en los que el líder no es el más calificado para realizarlos.

Tercero, selecciona a la persona adecuada. Algunas tareas las puede manejar cualquier persona. Otras demandan una capacidad especial. Debes decidir quién puede realizar mejor cada trabajo, tomando como ventajas las capacidades especializadas del personal. Recuerda tomar en cuenta la capacidad de la persona y su disposición y motivación para realizar esa tarea.

El cuarto paso es delegar la tarea. Asegúrate de que la persona seleccionada tiene disponibilidad y delega la tarea en forma efectiva, proporcionando detalles, fijando objetivos y negociando la fecha límite. Lo más importante es darle al subordinado la responsabilidad y la autoridad necesarias para llevar a cabo el trabajo.

El quinto paso es controlar la delegación. Tu responsabilidad como líder es cumplir el objetivo y proporcionar ayuda si es necesario. Mantente al tanto sin perder el control de la situación, para que, en caso necesario, se puedan tomar a tiempo las medidas adecuadas. Recibe reportes periódicos del uso, autoridad, cumplimiento, responsabilidad y otros datos de importancia.

Recuerda, hay muchos caminos para llegar a los resultados, pero lo más importante es seleccionar el más eficaz para ti. Entonces, ¿cuáles son mis recomendaciones para delegar?

EXPERIENCIA CON EL CLIENTE

Te compartiré algo que me pasó con un cliente cuando trabajé con él para aprender a delegar. Él quería hacerlo todo y tener el control de todas las actividades. Sin embargo, le expliqué los grandes beneficios de multiplicarse. Si no lo hacía tendría una gran carga de actividades; sin embargo, solamente tenía 24 horas al día y también necesitaba tiempo para sus necesidades básicas y disfrutar con su familia. Le dije: Vamos a hacer un ejercicio. Escribe las 10 actividades principales que tienes en el día. Hizo la lista con base en lo que trabajamos en el programa del liderazgo.

—¿Me puedes decir e identificar cuáles actividades sí puedes delegar y cuáles no?

Creía que todas las tenía que hacer él, pero se dio cuenta que podía delegar algunas actividades. Recordemos que puedes delegar actividades que son de rutina a personas más preparadas que tú para desarrollar esa función específica, también aquellas donde se genera compromiso, donde puedes trabajar en conjunto, donde la otra persona tiene las capacidades y actitud para desarrollar la función. Con estos 5 pasos, después puedes delegar completamente esa función.

Revisamos, hicimos la lista de cuáles sí podía delegar y cuáles no. En las que sí podía delegar, le pedí que pensara en una persona con las capacidades y actitud para desempeñar dicha función.

Toma nota de:

1. ¿Necesita esa persona algunos recursos, habilidades técnicas y blandas para poder desarrollar esa función? Sí, ¿cuáles?;

2. ¿Cuáles son las habilidades técnicas, blandas y cualquier recurso económico material que le faltan para desarrollar esa función?;
3. ¿En cuánto tiempo será posible desarrollarla siguiendo estos cinco pasos para delegar esa actividad y función en la persona? Puede ser 1 mes y entonces se trabajará sobre eso.

Al inicio, las dos personas tenían resistencia. Principalmente, el líder, porque sentía que esa función y actividades eran de su posesión, ya que él las realizó durante mucho tiempo. Después se dio cuenta de que realmente podía delegar. Fue desarrollando a esta persona y logró los objetivos. Llegó al punto en que pudo delegar a esta persona ir a juntas en las que solamente tenía que hacer acto de presencia y eran meramente informativas.

Empodera a tu gente para que supere la curva de aprendizaje

Dentro de la empresa, pasé por una curva de aprendizaje al inicio. Estaba con mi jefa y un compañero que me capacitaba y me decía qué hacer. Prácticamente, el colaborador nuevo era su sombra y tenía que guiarlo al inicio. El líder le dice qué hacer, lo guía poco a poco, le asigna actividades para realizar, confía en él y lo ayuda a crecer. Después lo monitorea cada cierto tiempo para evaluar los avances, el cumplimiento correcto de las actividades. El líder observa las capacidades de su colaborador, sigue confiando en él, poco a poco le da libertad para llevar a cabo su trabajo hasta el momento en que domina la actividad e incluso puede capacitar a gente en su sitio de trabajo o en otro país.

Durante esa curva de aprendizaje, del inicio hasta que domina las actividades y ya es capaz de capacitar a alguien más en el proceso, se vive una experiencia padrísima en donde se van creando más líderes.

Volviendo al caso que te platicaba, ese subordinado era tan productivo y se sintió valioso cuando le asignaron esta actividad. El líder se dio cuenta de que hacía las minutas incluso mejor que él en esas juntas. Dijo: ¡wow! Aprender a delegar tiene muchos beneficios, tengo a la persona bien motivada, contenta y aparte, me permite desempeñar mi trabajo y centrarme en cosas como la toma de decisiones estratégicas. Es muy valioso que me hayas enseñado estos pasos para delegar de manera correcta.

No se trata solamente de decirles a las personas qué hacer. Logramos que asistiera a las juntas informativas y después se reuniera con su jefe para ver estos puntos. "Con estas reuniones semanales, soy mucho más productivo. Este colaborador me da mejores resultados de lo que esperaba y, además, llegamos a mejores objetivos.

Por este tipo de experiencias, te invito a delegar. Si quieres que tu empresa crezca, asumir nuevos proyectos, crear un equipo responsable y comprometido, llegar a la meta o superarla, debes delegar, porque en equipo llegarás más lejos. Delega y generarás conciencia sobre las actividades a realizar para llegar a la meta cumpliendo cada uno con su función.

También generarás responsabilidad en tus colaboradores coordinando las acciones para llegar a las metas. El arte de delegar efectivamente es una función y habilidad indispensables del líder, porque quien sabe delegar efectivamente es capaz de generar compromisos y llegar a metas de manera correcta. Ayuda a aumentar la capacidad de los colaboradores para tomar decisiones y lograr los resultados deseados. También ayuda a aumentar la capacidad y habilidades y competencias legítimas de tus colaboradores y subordinados. Activa el factor humano, acrecentando la participación e interés de los empleados.

Por otra parte,, ayuda a aligerar el trabajo de los altos directivos, gerentes y líderes, creando mejores condiciones para resolver tareas de gestión estratégica a largo plazo. La toma de decisiones estratégicas sigue siendo tu responsabilidad como líder.

Para avanzar necesitas ceder, que es la palabra clave para delegar. Necesitas ceder algunas responsabilidades y tener presente que no existe una forma única de hacer las cosas bien. Entonces, ¿qué necesitas? Necesitas 3 aspectos fundamentales: Saber qué actividad estás delegando, transmitir bien lo que delegas y controlar lo que delegas.

Muchos me dicen: "Miriam, ¿para qué delego? Si no saben hacerlo y me cuesta menos hacerlo a mí que explicárselos. Yo lo hago más rápido y mejor. Hoy en día la gente no tiene interés. No hay gente buena. No vale la pena formarlos porque luego se van y a mí nadie me enseñó a delegar".

¿Qué vas a delegar? Tareas enfocadas en acciones concretas. ¿Cómo lo vas a hacer?, con las herramientas, recursos económicos, materiales y personales que te ayuden a lograr ese propósito. Y ¿para qué?, cuál es tu propósito, la razón de ser, para qué lo vas a hacer.

¿PERO QUÉ PUEDES DELEGAR Y QUÉ NO?

Lo que sí puedes delegar son las actividades o trabajos de rutina, y las actividades especializadas, es decir, aquellas en las que tienes empleados que pueden hacerlo mejor que tú porque son expertos en el tema, atención a llamadas o actividades donde se puede tomar nota o minuta o son meramente informativas.

¿Qué no puedes delegar? Tus responsabilidades como líder: El establecimiento de metas; la decisión final sobre cuestiones estratégicas; toda la toma de decisiones estratégicas; el control y motivación de los resultados; tareas confidenciales que son de especial importancia o de alto grado de riesgo; eso no lo puedes delegar.

Para delegar debes considerar 2 aspectos importantes: Si consideras que la persona tiene las capacidades para desarrollar la tarea o función y si consideras que tiene la actitud, disposición y motivación para realizar la tarea.

Si cumple con ambos aspectos, delega, dale a tu subordinado toda la responsabilidad y autoridad para cumplir esa tarea.

RECOMENDACIONES PARA DELEGAR EFECTIVAMENTE

Primero, conoce a tu equipo. Necesitas entender las habilidades, intereses y áreas de crecimiento de los miembros de tu equipo.

Define las expectativas. Una delegación exitosa comienza con establecer expectativas claras, que incluyen considerar qué necesita hacerse, así como los plazos y estándares de calidad.

Proporciona los recursos. Es indispensable dar a tu equipo los recursos, herramientas e información necesaria para que puedan realizar la actividad. Mantener la comunicación abierta y asertiva.

Delegar no significa desentenderse. Es necesario mantener una comunicación abierta con el equipo. Es brindar retroalimentación de manera constante para discutir el progreso y cualquier obstáculo que pueda surgir, además de brindar apoyo para lograr los objetivos.

No olvides reconocer el esfuerzo y celebrar los triunfos. Fomenta una cultura positiva de aprecio y motivación en el equipo, reconociendo el esfuerzo. Refuerza la importancia de la contribución de cada miembro y celebra los éxitos.

¿Cuál es el quinto reto que te dejo? Te recomiendo que hagas una lista con todas las actividades a realizar esta semana o este mes. Clasifícalas por nivel de prioridad. A, es urgente y B es importante, pero no es urgente. Entonces puedes delegar lo calificado como B. C es urgente pero no importante. Selecciona las actividades que puedes delegar y recuerda que hay actividades que solamente tú puedes hacer. Considera cuáles son los aspectos importantes para seleccionar a la persona adecuada.

Recuerda que es importante que la persona seleccionada cuente con las competencias o capacidades para realizar la tarea, además de la actitud y motivación para querer hacerlo y bríndale los recursos necesarios para desempeñar la función. Selecciona el método adecuado para delegar y hazlo.

Si consideras que la persona necesita desarrollar habilidades técnicas o blandas, capacítalo y consigue alguien que lo ayude a adquirir los conocimientos necesarios, para delegar con efectividad. Adelante, líder. Vas por el camino correcto para convertirte en un Líder Happiness en tu empresa.

SEIS
CONCLUSIONES

Aquí tienes los 5 pasos para convertirte en el líder que deseas ser. Obtener el máximo provecho de tu mensaje, que el propósito sea el objetivo de la comunicación con tu equipo; lograr mayor alcance con la familia, amigos, pareja, equipo de trabajo o entorno en el que hables. Es crucial que te comuniques de manera asertiva con quienes te escuchan, porque tú, como líder, tienes un papel fundamental y lo que haces influye directamente en la gente que te rodea.

Recuerda que el liderazgo es para servir y servir es amar al otro. ¿De qué manera puedes ayudarle y contribuir a ser mejor persona?

Espero que ames este libro, que lo aproveches al máximo, lo implementes, te ayude a llegar a más personas a través de tu mensaje. Escribirlo me llenó de alegría por ser la forma de transmitirte mi mensaje sobre mi experiencia, conocimiento y espero que también te llene de alegría, nuevas ideas, mucho conocimiento, gran variedad de técnicas prácticas para implementarlo en tu vida personal.

Me encantaría saber que a través de lo aquí compartido pudiste alcanzar un nivel superior como Líder Happiness efectivo en las organizaciones, aplicando cada uno de estos 5 pasos para conectar mejor, generar y aumentar tu influencia con la gente que te rodea.

Recuerda: Puedes mostrar el valor que aportas a través de pequeñas acciones. Dedica un minuto para conocer a cada uno de tus colaboradores, saber cómo están, cómo se sienten y cómo puedes ayudarles a lograr sus sueños. Conviértete en una persona que genere valor en los demás, vuélvete un mentor, un *coach*, un pastor. Los líderes influyen en otros de manera positiva. Nada sucede por casualidad, por algo estás leyendo este libro y me encantaría recomendarte que anotes los pasos de acción.

¿Qué harás para fortalecer tus áreas de oportunidad y convertirlas en cualidades? ¿Cómo te convertirás en el líder que deseas ser, al que le escribiste la carta? ¿Qué harás para convertirte en una persona que aporte valor a la gente que le rodea? Es normal que sientas miedo de dar el siguiente paso, pero créeme que te ayudará a convertirte en la persona que deseas ser. También establece tus metas. ¿Qué quieres lograr en cada área de tu vida? A nivel personal, de salud, en lo espiritual, profesional, en las relaciones con la familia, en el dinero, en cada uno de los aspectos de tu vida.

Checa cómo te encuentras ahorita y cómo quisieras estar dentro de un año en todas las áreas. ¿Qué pasos debes dar para convertir tus sueños en realidad? Empieza a trabajar desde ahorita y haz todos los ajustes que consideres necesarios cada trimestre para alcanzar tus metas. Descubre las acciones que puedes realizar para cumplir tus objetivos.

Recuerda que los pequeños pasos harán grandes cambios en tu vida. Asimismo, siéntate con tu equipo de trabajo para decirles cuál es el propósito de la empresa y cómo cada uno de ellos, desde su puesto, te ayuda a cumplir con ese propósito. Ayúdalos a alinear los suyos conociendo sus intereses y motivaciones a través del radar de motivación.

¿Qué puedes hacer para lograr que las personas den el siguiente paso, aunque sea pequeño, y comenzar a experimentar la sensación de cumplir sus metas al mismo tiempo que ayudan a cumplir las metas empresariales? Empieza a trabajar en ese nuevo hábito o disciplina de acción que te llevará a lograr los resultados que esperas y deseas dentro de tu organización.

También cuando se cometan errores y quieras solicitar algo a alguien o indicarle el camino correcto para realizar las cosas, acércate a esa persona para darle retroalimentación positiva a través de los 5 pasos.

Platiquen la situación, describe el comportamiento que no te gusta, las consecuencias de ese comportamiento y cómo te sientes. Escucha a la otra persona y llega a acuerdos. Créeme que fortalecerás las relaciones, aumentarás el nivel de autoestima de tu equipo de trabajo, generarás respeto y confianza entre ustedes mismos.

Una gran recompensa a cualquier actividad es el sentimiento de logro, de poder mejorar para lograr los objetivos y transformar los sueños y las metas. Posteriormente, multiplícate creando más líderes sobre los que puedas ejercer influencia, inspirarlos a actuar y desarrollarlos, sacando su máximo potencial. Te encargarás de tener el mejor equipo haciendo lo que mejor hacen. Recuerda: motivar a las personas para el beneficio mutuo es crucial porque los ayudas a lograr sus sueños al mismo tiempo que logran tus objetivos. Inspíralos a ser mejores y alcanzar los resultados nunca esperados y sus sueños.

Créeme que trabajando en estas áreas te convertirás en el líder que deseas ser. Que tengas un excelente día, es momento de pasar a la acción. Felicidades, ahora estás más cerca de convertirte en ese Líder Happiness efectivo que deseas ser.

¿CÓMO PUEDES CONVERTIRTE EN EL LÍDER HAPPINESS QUE DESEAS SER?

Reflexiona acerca de los pasos a dar hoy, mañana y durante el próximo año para convertirte en el Líder Happiness que deseas ser. Te invito a que apliques y transformes tu liderazgo todos los días. Que ames a tu gente, que busques servirlos.

Desarróllalos, capacítalos y transfórmalos en su mejor versión para crear más líderes. El liderazgo es un trabajo de todos los días. Si estás dispuesto a gestionar tu vida para ser el mejor líder de tu equipo de trabajo, familia y organización, este mensaje es para ti.

Ninguna persona que quiera hacer todo por sí mismo será un gran líder o se llevará todo el crédito por hacerlo. Recuerda: En este mundo necesitamos líderes que amen lo que hacen, que sean felices, inspiren y motiven con su ejemplo, que añadan valor a la gente y a la sociedad a través de su propósito, que crean en sí mismos y en su equipo, que sean coherentes y congruentes en su actuar para inspirar a otros a ser mejores, que trabajen en beneficio y al servicio de los demás, que utilicen su influencia para transformar positivamente la vida de las personas que los rodean. De esta manera crearemos Líderes happiness, felices y comprometidos.

Queremos que transformes tu liderazgo y lo lleves a otro nivel. Por eso, aquí tejo para ti un resumen de las habilidades principales de un **Líder Happiness**:

Número 1, crea su propia esencia de líder empresarial a través de su estilo de liderazgo, comprendiendo lo que es un líder y desarrollando sus talentos, cualidades y fortalezas al máximo con un acompañamiento mental, emocional y estratégico para llevar su liderazgo a otro nivel y convertirse en el Líder Happiness que deseas ser.

Número 2, sabe que la forma correcta de manejar sus emociones es la clave para comunicarse con su equipo de trabajo y lograr las metas, además de que mejorará la relación con sus colaboradores y la gente que le rodea.

Número 3, descubre los intereses y motivadores de sus colaboradores para alinear a su equipo de trabajo con la cultura empresarial y las metas empresariales para lograr los resultados de la empresa.

Número 4, tiene clara la importancia de capacitar y empoderar a sus colaboradores para que sean los mejores en lo que hacen, fomentando un equipo sólido y productivo.

Número 5, conoce las técnicas correctas para dar y recibir *feedback* o retroalimentación positiva como una herramienta para motivar, incentivar y desarrollar a los colaboradores a lograr nuevas metas.

Número 6, brinda reconocimiento a su equipo, conoce su contrato emocional, conoce los intereses y hace un plan de carrera y crecimiento dentro de la empresa.

Número 7, un Líder Happiness efectivo, conecta el propósito empresarial de su equipo y el de la empresa para tener colaboradores felices, comprometidos y productivos.

Estas son las 7 habilidades del Líder Happiness y habiendo dicho casi todo, solo me resta decir que el verdadero liderazgo se trata en saber amar a la gente.

¡Vivir se trata de florecer como seres humanos! Y el liderazgo consiste en hacer florecer a los que nos rodean.

Estamos para servirte y quiero que recuerdes que todos los días puedes transformar tu liderazgo.

Soy Miriam Rizo y espero que este libro te haya encantado y servido. Es momento de actuar para convertirte en el Líder Happiness efectivo que deseas.

ACERCA DE LA AUTORA

MIRIAM RIZO

Soy Miriam Rizo, directora general de RHappiness: Felicidad en el Trabajo, una empresa que transforma organizaciones al potenciar el liderazgo, el bienestar laboral y la productividad. A través de nuestra consultoría especializada en habilidades blandas y sistemas de gestión de calidad con servicios de consultoría, coaching ejecutivo, capacitación empresarial y certificaciones avaladas por instituciones nacionales e internacionales, ayudamos a empresas a alcanzar su máximo potencial. Nuestros servicios personalizados nos convierten en el aliado estratégico ideal para desarrollar líderes efectivos y equipos altamente integrados.

Soy miembro orgulloso de la certificación en capacitación, coaching y oratoria de Maxwell Leadership, una comunidad internacional que inspira a la transformación a través del liderazgo con propósito. Además, soy Master Trainer de la International Coaching & Speaker Federation (ICSF), una federación con una sólida trayectoria respaldada por reconocidos conferencistas honorarios como César Lozano, Nayo Escobar, Osvaldo Sánchez y Mauricio Benoist, entre otros.

Además, poseo certificaciones en liderazgo efectivo en las organizaciones, liderazgo en el servicio público, evaluador de competencias laborales, diseño de cursos presenciales y en línea, y prestación de servicios de consultoría avaladas por la SEP y CONOCER. Actualmente, cuento con una certificación en coaching ejecutivo y alineación de equipos de trabajo por el Instituto Tecnológico de Estudios Superiores de Monterrey (ITESM) y la International Coaching Technology (ICT).

He tenido el honor de compartir escenarios con Gladys Ramos, Nacho Pastrana, entre otros conferencistas, enriqueciendo mi perspectiva y fortaleciendo mi propósito para impactar vidas a través del liderazgo.

Mi experiencia incluye la coautoría del libro Sumarium Vol. 4: Liderazgo Efectivo, cuyas ganancias se destinan a la Fundación El Hogar en Honduras.

Académicamente, soy Licenciada en Asesoría Psicopedagógica por la Universidad Autónoma de Aguascalientes y tengo una Maestría en Recursos Humanos y Gestión del Conocimiento por la Universidad Internacional Iberoamericana.

A lo largo de mi trayectoria, he tenido el privilegio de capacitar a más de 5,000 líderes y equipos en empresas como González Trucking, Inepja, NTN, Kodak, AbInBev, Cervecería Corona, Grupo SIESMO, y varias compañías de Grupo MAEN. Mi misión es clara: formar líderes felices, comprometidos y productivos que construyan empresas exitosas y transformen entornos laborales.

Soy la segunda hija de cuatro hermanos extraordinarios, fruto del bello matrimonio de mis padres, quienes me inculcaron los valores que hoy guían mi vida y mi trabajo. Amo profundamente a mi familia, que ha sido mi inspiración constante para vivir con propósito y entregar lo mejor de mí.

Mi propósito es ayudarte a descubrir y potenciar tu liderazgo para que no solo alcances tus objetivos, sino que dejes un legado que inspire a otros. Como líder, capacitadora y coach, estoy aquí para acompañarte en este camino hacia la transformación personal y profesional. A partir de hoy, quiero ayudarte a transformar tu liderazgo y crear un impacto positivo en tu familia, equipo, comunidad y en tu organización al convertirte en un Líder Happiness. Gracias por confiar en mí.

Contacto:
Whatsapp: +52 (449) 940 97 80
Email: miriam.rizo@rhappiness.com.mx
Web: rhappiness.com.mx

facebook.com/rhappiness
instagram.com/rhappiness_
linkedin.com/in/MiriamRizo90
youtube.com/@rhappinessfelicidadeneltra681

SUSCRÍBETE
AL NEWSLETTER

DE JEFE A LÍDER
HAPPINESS

Recibe cada semana herramientas
prácticas para fortalecer tu liderazgo
y hacer crecer tu empresa

Made in the USA
Middletown, DE
08 December 2025